World of Warcraft am Pranger
Quo vadis, Computerspiele-Branche?

Matthias Theiser
World of Warcraft am Pranger
Quo vadis, Computerspiele-Branche?

Bibliografische Information der Deutschen Nationalbibliothek
Die Deutsche Nationalbibliothek verzeichnet diese Publikation in der Deutschen Nationalbibliografie; detaillierte bibliografische Daten sind im Internet über http://dnb.d-nb.de abrufbar.

IMPRESSUM

© 2011 by Matthias Theiser

Herstellung und Verlag: Books on Demand GmbH, Norderstedt

Umschlaggestaltung: Stefanie Ziervogl

Lektorat: Melanie Zelenka

Gedruckt auf säure-, holz- und chlorfreiem Papier

ISBN: 978-3-8391-9908-4

Das Werk einschließlich aller seiner Teile ist urheberrechtlich geschützt. Jede Verwertung außerhalb der engen Grenzen des Urheberrechtsgesetzes ist ohne unsere Zustimmung unzulässig und strafbar. Das gilt insbesondere für Vervielfältigung, Übersetzung, Mikroverfilmung sowie die Speicherung und Verarbeitung in elektronischen Systemen.

Besuchen Sie mich im Internet
www.sandcorn.at

VORWORT

Quo vadis, Computerspiele-Branche?
Wohin führt dein Weg, Computerspiele-Branche?

Waren Computerspiele vor zirka 50 Jahren eher technische Versuche an Universitäten, zählen sie heute zu einer der einflussreichsten Freizeitgestaltungen des 21. Jahrhunderts. Versuchte man in den Anfängen dieser Branche simple spielerische Systematiken, angefangen bei *Tic-Tac-Toe*-Spielen, bis hin zu anspruchsvolleren dynamischen Spielabläufen, wie sie von *Pong* seinerzeit geboten wurden, umzusetzen, jagt heute eine hardwarefordernde Raffinesse die nächste.

Spielte man früher – so besonders und außergewöhnlich das war – ein Computerspiel, wählt man heute aus einer Vielzahl von Wirtschaftssimulationen, Rollenspieladventures und Ego-Shootern. Dabei erforscht man als Weltraumpilot entfernte Galaxien, rast mit Höllenmaschinen von *Bugatti* und *Lamborghini* durch die belebte Downtown oder schlüpft in die Rolle von schwerbewaffneten Terroristen, während man sich auf LAN-Partys im gemütlichen Beisammensein die virtuellen Köpfe von den virtuellen Rümpfen sprengt. Im Keller nebenan trainiert der »Gamer von heute« x-tausend Stunden um als ehrenhafter Sieger epischer Battles internationaler Turniere hervorzugehen. Wieder andere liieren deren virtuelle Marionetten, gehen den Bund der so realen-nichtrealen Ehe ein, lassen sich von Gildenfreunden loben und preisen. Ganz besonders Eifrige fallen unterdessen nach monatelangem Schlaf-, Nahrungs- und Frischluftentzug einfach leblos von ihren Stühlen und deren Tod krönt damit die Spitze dieser Spiel- und Spaßwelt.

Unterhaltung, nennt man das dann.

Doch wer spielt die Rolle des großen Schöpfers, dieser brutal mehrdeutigen Unterhaltungsplattform? Gott kann es ja wohl nicht sein – oder doch? Lassen wir die Kirche im Dorf, es sind wohl die Spielentwickler, die den Grundstock florierender Spielmechaniken setzen. Dabei dienen sie lediglich als »Werkzeuge«, werden geführt wie Hammer und Säge, hämmern auf Nägel und sägen durch Holz…

Wie dem Koch das Kochrezept, liegt dem Spielentwickler das Spielkonzept als Grundbaustein seiner Arbeit vor. Und wie der Koch dann für seine Suppe Wasser aufkocht, Gemüse kleinschneidet und Gewürze beimengt, programmiert der Entwickler Physik-Engines, designt Spielegrafiken und bastelt am Balancing. Es liegt an ihnen, an den Köchen und den Entwicklern, aus den ihnen aufgetragenen Aufgaben eine zufriedenstellende Lösung aus dem Boden zu stampfen.

Und während der eine Koch dann in liebevoller Hingabe gebratene Jakobsmuscheln in Safransauce kredenzt, ist es dem anderen ein Privileg, Gurkenscheiben auf fetttriefende Hamburger zu packen. Salz und Pfeffer aber wieder zurück im Gewürzkarussell, werfen wir einen Blick in die Entwicklerstudios und treffen dabei schweißperlenbehaftete Virtuosen beim Kompilieren zukunftsweisender Physik-Algorithmen, währenddessen sich die Kollegen im Büro gegenüber an den Verkaufszahlen neuer flauschiger Polygonschwächlinge ergötzen.

Und während diese Kontroversen heute noch in einer mehr oder weniger friedlichen Koexistenz bestehen, stellt sich bloß die Frage, wie lange Meisterköche und Chefentwickler überhaupt noch die Chance bekommen, ihren Werken nachzugehen. Also wie lange unser Koch noch hingabevoll die Teller mit fein gehaktem Basilikum zieren darf und der Entwickler gefühlspotente, atmosphärische Feuerwerke entzünden kann.

Lassen wir die Lebensmittelindustrie aber erst einmal außen vor, tut sich die Überlegung auf, was mit Computerspielen, beziehungsweise der Spielentwicklung im Allgemeinen überhaupt erreicht werden möchte.

Na? Höre ich da etwa das Wörtchen »Unterhaltung« im geistigen Gerufe Ihres Unmuts? Die Branche dient der Unterhaltung, meinen Sie? Nun, tut sie – nein, tat sie ja auch.

Heute ist das nämlich etwas anders. Heute mengt sich die Unterhaltung nur noch einer üblen Suppe aus finanzgeilen Managern bei, die mit sinnfreien Spielgeplänkeln versuchen, mehr und mehr aus den Ork-und Nachtelfengebietern zu quetschen, während soziale, gesellschaftliche und gesundheitliche Problematiken einfach im dunklen Nichts verschwinden, als wären sie gar nicht existent. Der Spielemarkt wird zum finanziellen Goldesel und wächst rapide an, während eine »Massenabzockwaffe« nach der anderen aus der Erde schießt – aus der fruchtbaren Erde, leicht manipulierbarem Menschenguts. Innovative, inhaltsstarke Spielkonzepte finden zwar Anklang, müssen aber zwangsläufig lukrativeren Spielmechaniken weichen. Müssen Spielmechaniken weichen, die das Kernkonzept des Langzeiterfolgs, beziehungsweise der Gewinnoptimierung besser umsetzen. Gewiefte Geschäftsleute tragen gerne das »Wie?« dazu bei und verunstalten dadurch – bewusst oder unbewusst – die Zukunft der Computerspiele. Milliardenumsätze führen Mitbewerber, die händeringend versuchen hinterherzukommen und reihenweise umkippen, wie vom Exekutionskommando exekutiert, in den geistigen Wahn. Die, die wissen wie es funktioniert, kitzeln so lange am Geldhahn, bis dieser ausspuckt, was er soll.

Und allen »Geldhahnkitzlern« voran, stolziert hier *Blizzard Entertainment* – nunmehr *Activision Blizzard* – mit einem geschätzten Jahresumsatz von mehreren Milliarden US-Dollar. Sie scheinen wahre Künstler der virtuellen Unterhaltung zu sein. Die Zahlen von mittlerweile mehreren Millionen aktiven Spielern auf der ganzen Welt untermauern dies. Mit *World of Warcraft* gelang dem Entwicklerstudio aus Irvine, Kalifornien, aber nicht nur eine Glanzleistung in Sachen Unterhaltung der Superlative, nein, es gelang ihnen auch, die zukünftige Entwicklung von Computerspielen maßstabgebend zu beeinflussen. Wie sich dieser neue Maßstab, also dieses neue Kochrezept auf die Mahlzeiten der Zukunft auswirken wird, wird sich wohl oder übel erst herausstellen.

Aber wollen wir nichts überstürzen...

Angefangen hat alles mit einem harmlosen, fair und neutral, fachlich und journalistisch korrekt verfasstem Artikel in einer Computerzeitschrift. Mit dem Titel »Virtuelle Items als Goldgrube« leitete der Redakteur seine anregenden Worte ein. Der Artikel war emotionsfrei und überblickverschaffend aufgebaut. Es wurde darüber berichtet, dass *Blizzard* seit Mitte April 2010, ein neues virtuelles Tier, genauer Reittier anbietet – das Himmelsross. Es sei für 20 Euro im mittlerweile Schlagzeilen aufwirbelnden internen Onlineshop von *Blizzard* zu erwerben. So weit, so gut! Als ich dann an den Zeilen ankam, in denen zu lesen war, dass sich dieses exklusive Pferdchen bereits in den ersten 24 Stunden über 140.000 mal verkauft hatte, überkamen mich plötzlich angsteinflößende Gedanken. Ich lag gerade entspannt im Bett, als ich die Zeitschrift abrupt beiseite warf und mir die damit eingenommenen 2,8 Millionen Euro wie Blitze durch den Kopf schossen. Vor meinem geistigen Auge verbündeten sich Dreistigkeit und Missgunst zu einem bissigen Untier, welches mir sowohl Furcht als auch Stärke injizierte. Impulsartig, mit starrem Blick gen Zimmerdecke, grübelte ich vergebens an Sinn und Kontext, suchte nach der Bedeutung und malte an den Folgen, während mir eine Welle der Unverschämtheit aufs Gemüt prasselte. Doch dann, einige wehmütige Nachdenkminuten später, lassen einem all die Geldgier, Skrupellosigkeit und Präpotenz das Niveau neumoderner Vertriebsmethodiken erahnen. Plötzlich lichtet sich das stachelige Gestrüpp und es erschließt sich die Zukunft der Computerspiele.

Oder mit etwas weniger lyrischem Pfeffer gespickt: Wenn es heute bereits möglich ist, finanzielle Gewinne in Millionenhöhe durch ein paar mickrige Bits und Bytes einzunehmen, ist es nur noch eine Frage der Zeit, bis sich die Spielebosse aus aller Welt diesem Zug des geringen Aufwands und des hohen Ertrags anschließen und Spielelemente mit vergleichsweise unbedeutend geringem Entwicklungsaufwand unter den Zockern der Nation verhökern. Freie Entwicklerkunst weicht zwangsläufig billigen spielpsychologischen Tricks, um Zielgruppen stärker ausweiten zu können, während sich die Umsatzzahlen überschlagen und keinen Gipfel zu finden scheinen. Und als wollten die, die am Geldhahn sitzen dies selbst bestätigen, meinte einer von diesen vor Geldgeilheit triefenden Zapfern – ich zitiere – »Spiele entwickeln darf keinen Spaß machen!«, um die Tatsache einzuräumen, dass nicht die qualitative Einschätzung, sondern einzig allein die Zahlen auf den Scheinen wichtig wären. Doch damit muss der Entwickler und im Endeffekt der Spieler anscheinend nun einmal leben – ohne Wenn und Aber!

Zeit für einen kleinen Zwischenstopp.

Wer bin ich, und welches Ziel verfolge ich mit den hier niedergeschriebenen Zeilen?

Wer ich bin? Kurz, ein *WoW*-Spieler, ein ehemaliger *WoW*-Spieler. Mehr als drei Jahre lang überquerte ich Flüsse, überflog Äcker, durchwanderte Wälder und kroch durch Höhlen. Brachte als aktiver Spieler jede investierte Spielstunde mehr Freude als die andere, bedauere ich heute nichts mehr. Die vielen hundert Stunden, fleißig vom Spielzeitkonto aufsummiert, liegen mir wie Steine im Magen.

Aber lassen wir das einmal beiseite...

Ich machte mich auf, ein so tadelloses, so beständiges und allumschlingendes Konzept zu thematisieren, es in seine Einzelteile zu zerpflücken. Das Konzept *World of Warcraft*. Heute stehe ich, stolzen Hauptes, vor diesen Einzelteilen, den Scherben *Azeroths*. Und blinzelnd, wie meine früheren Identitäten aus den Scherben noch heute nach mir rufen, stampfe ich sie mit festen Tritten wieder zurück ins virtuelle Nimmerland. Herrsche wieder über mich selbst, bin wieder mein eigener Meister, ohne mich an Raid-Termine, Festtagsevents und dergleichen halten zu müssen. Laufe wieder auf meinen eigenen Beinen durch die Realität, als mit fremden durch die Virtualität. Zwar verlor ich die Macht übermächtige Kolosse niederzustrecken, prunkvolle Städte wegzufegen und ganze Herrschaften auszulöschen, doch gewann ich die Macht über mich selbst.

Und so hochgestochen das klingt, so bitterernst ist dessen Intention – das Leben und die Wirklichkeit!

Doch um die Basis, oder die Pre-Quest – um es für die *WoW*-ler unter Ihnen verständlich zu machen – für dieses Werk zu schaffen, genehmigen wir uns an dieser Stelle erst einmal einen kurzen Exkurs in die Welt der Psychologie...

In unserer eigenen Festung des Lebens, die wir rund um unsere Behauptungen, Meinungen und Anschauungen aufbauen, spielt sich haarsträubender Selbstbetrug ab, der von Mensch zu Mensch völlig unterschiedlicher Ursachen einhergeht. Von welcher Festung hier die Rede ist? Nun, es handelt sich um eine fiktiv gedachte Festung, welche jeder Mensch um sein Leben herum errichtet. Hinter den Mauern spielt Ihr Gehirn König und Ihre Gedanken Hofnarren. Im Inneren scheint stets alles in Ordnung zu sein – die Hofnarren unterhalten, der König findet daran Gefallen.

Warum ich Ihnen dieses Modell der Festung näher bringen möchte? Sie kennen womöglich Menschen in Ihrem Umfeld, deren Meinungen sich bereits so stark manifestiert haben, dass ein Stück blauer Kunststoff auch einmal rot sein kann. »Rot und keine andere Farbe der Welt!« In deren Festung ist das blaue Stück Kunststoff auch rot, auch wenn Sie als »Angreifer« Ihr Gegenüber mit dem Gegenteil, der wirklichen Wahrheit konfrontieren. Ansonsten drehen Sie einfach Ihren Fernseher auf und sehen jenen zu, die ihre achtjährigen Töchter zur Modelkarriere zwingen, sie in paillettenverzierte High-Heels pressen und mit Zuckerbrot und Peitsche am anderen Ende des Laufsteges warten. Die Rede ist von Menschen, deren Festung meterhohe und undurchdringbar dicke Mauern aufweist, erbaut aus lebensprägenden Erlebnissen und Vorfällen. Für gewöhnlich erleben wir das Tag für Tag. Ob nun beim lärmenden Politiker am Podium, beim genauso lautstarken Chef am Arbeitsplatz oder eben ganz einfach da, wo eine Meinung auf eine andere trifft. Aber nicht so wichtig ob, oder bei wem Sie an einer solchen Mauer bereits gescheitert sind, es geht im Folgenden rein darum, dass ich von Ihnen erwarte mir Ihr stählernes Festungstor zu öffnen. Und behaupten Sie erst gar nicht, Sie hätten keine solche Festung! Sperren Sie stattdessen Ihre Hofnarren für eine Zeit hinter Gitter und versuchen Sie sich über meine Worte klare Gedanken zu machen. Nur so, und auch wirklich nur so(!), hat das Weiterlesen an dieser Stelle überhaupt den nötigen Sinn. Seien Sie offen für meine Gedanken, Anregungen und Feststellungen. Ich habe versucht diese so fair und transparent als möglich zu gestalten, um Ihnen klar darzulegen, warum *World of Warcraft* spielpsychologische Mechanismen geschaffen hat, die prägende Einschnitte in vielen Bereichen hinterlassen haben und noch hinterlassen werden – quasi das schwarze Schaf ist. Wenn Sie am Ende dieses Buches angekommen sind und meine Worte nicht bereits an Ihren Mauern abgeprallt sind, mit Ihrer Meinung aber dennoch andere Wege beschreiten, dann werde ich das gerne akzeptieren. Denn auch ich mag mich belehren lassen. Meine Festung steht jedenfalls offen!

Nachdem das geklärt wäre, zurück zur Zielerläuterung – zurück ans Eingemachte. Meine Analysen, wenn ich diese vorerst einmal so hochtragend bezeichnen darf, zeigen in eine Richtung, die die Zukunft der Computerspiele grundlegend verändern wird. Die Zukunft der Computerspiele wird nicht mehr durch Qualität als höchstes Prioritätsmerkmal angeführt, sondern der Aufgabe, eine Spielmechanik zu kreieren, mit welcher ein höchst möglicher Langzeiterfolg erreicht werden kann. Oder anders, Produkte mit höchst möglich finanziellem Ertrag. Was sich auf den ersten Moment als klares und eigentlich natürliches Konzept für Computerspiele jeglicher Art anhört, ist näher betrachtet mit weitaus mehr Ernsthaftigkeit verbunden, als von vielen angenommen. Zwar orientiert sich jedes Unternehmen grundlegend an finanziellem Erfolg, jedoch ist es immer noch eine Frage der Ausprägung dieses Denkens. Steht die Ausbeute der Kunden erst einmal über der Qualität – hier als weitläufiges Synonym für anspruchsvolle Entwicklungen – ist es nur noch eine Frage der Zeit, bis wir von suchterzeugenden MMOGs und Achievement-Systemen, kostspieligen Mappacks und DLCs, und anderen den Langzeiterfolg, oder anders, die Langzeitausbeute schürenden Elementen überhäuft werden. Wer diese »neue« Aufgabe besser meistert, gewinnt. Gewinnt das Spiel um die Entwicklung eines Spielvergnügens mit fortwährenden finanziellen Erträgen in Millionenhöhe. Nicht, dass diese Aufgabe eine einfache wäre, nein alles andere als das, diese Frage stellt sich aber auch überhaupt nicht, sondern viel eher, welche Folgen eine solche Entwicklung hat.

Im Zuge dieses Buches habe ich mit vielen rund um das Thema *World of Warcraft* debattiert. Mit hartgesottenen Dauerzockern, mit Ab-und-zu-mal-Gelegenheitsspielern, aber auch mit solchen, denen *WoW* genauso viel sagt, wie Ihnen vermutlich *Bellis perennis*. Dabei war es mir wichtig, User-sowie Fachmeinungen miteinzubeziehen, um eine möglichst hohe Validität meiner jetzt an Sie vermittelten Eindrücke zu erreichen. Denn diese sind auch nur weitere solcher Eindrücke eines Gliedes aus der Welt der Computerspiele, mit denen ich aber hoffe, viele – ja, mittlerweile sehr viele – wachrütteln zu können.

Und all jenen, die sich fragen, warum mir gerade *World of Warcraft* als Rahmen meines Werkes dienen soll, ist auch schnell geholfen. Denn als Computerspiel mit mehreren hundert Millionen Treffern auf eine *Google*-Suchanfrage, einem separat angeführten Suchtpotenzial-Artikel auf *Wikipedia*, unzähligen Verehren und gleich vielen Verächtern auf der ganzen Welt und reichlich weiterer solch »herausragender« Merkmale, ist *World of Warcraft* – als das erste seiner Art – einerseits eines der wohl präsentationsträchtigsten Massenmedien überhaupt und andererseits prägender Auslöser folglich prognostizierter zukünftiger Entwicklungen. Und nicht zu vergessen natürlich, die sozialen, gesellschaftlichen und gesundheitlichen Problematiken jener, die lieber ihren Schützlingen Ausdauer, Willenskraft, Intelligenz und Stärke lehren, als sich gleiches selbst beizubringen. Aber alles der Reihe nach…

Do you speak Orcish?

Diejenigen, die mit den Abkürzungen und Fremdwörtern aus der Welt der Computerspiele und insbesondere der *World of Warcraft* noch nicht so viel anzufangen wissen, können auf folgende erklärende Definitionen zurückgreifen:

Achievements: Errungenschaften

Add On: Spielerweiterung

Anken: Wiederbelebung durch einen Schamanen

Azeroth: Geografischer Hauptschauplatz in *WoW*

Balancing: Sorgt für ein ausgeglichenes und faires Stärkeverhältnis zwischen den Spielern

Buffen: Mitspieler mit einem Zauber verstärken

Cap: Maximalwert von Charakterattributen oder Fähigkeiten

Casten: Zauber wirken/entfesseln

Casual Games: Spielvergnügen, die günstig in der Entwicklung, schnell zu verstehen und einfach in der Bedienung sind

Char: Kurzform für Charakter; Die Spielfigur

Crit: Kritischer Treffer

DLC: Downloadable content; Herunterladbare Spielerweiterungen

Drops: Tragbare Gegenstände, die man von besiegten Gegnern erhält

Fanboy/Fangirl: Begeisterte Anhänger

Flugmount: Flugreittier (siehe Mount)

Full Ack: Full Acknowledge; volle Zustimmung/Bestätigung

Gamecard: Guthabenkarte, die das Spielen gegen Bezahlung über eine gewisse Zeitdauer ermöglicht

Gameplay: Spielmechanik oder Ablauf eines Spiels

Gilde: Bündnis mehrerer Spieler

Grinden: Fortwährendes Besiegen von Gegnern

Introvideo: Audiovisuelle Einleitung in Form von Videosequenzen

Kompilieren: Übersetzt Quellsprachencode (z.B. C++) in eine maschinenverständliche Zielsprache

Leveln: Erfahrungspunkte sammeln, um seine Spielfigur stufenweise besser werden zu lassen

Loot: Beute eines besiegten Gegners

Mappack: Kartenmaterial

Minimap: Kleine Übersichtskarte zur besseren Orientierung

MMOG: Massively Multiplayer Online Game; Massen-Mehrspieler-Online-Gemeinschaftsspiel

Mobs: Monster/Gegner

Mount: Persönliches Reittier zur schnelleren Fortbewegung

Patchen: Korrektur oder allgemeine Änderung von Spielinhalten

Pets: Virtuelle Haustiere

Quests: Aufgaben oder Rätsel

Raiden: Große Ansammlung von Spielern (=Raid) die gemeinsam ein Ziel verfolgen

Reggen: Regenerieren von Lebenspunkten und/oder Zauberkraft

Rezzen: Mitspieler wiederbeleben

Skillen: Skill (=Fähigkeit) verbessern

Stack: Stapel gleicher Gegenstände

Stannen: Den Gegner handlungsunfähig machen

Stats: Charakterwerte

TS: Abkürzung für *TeamSpeak* (=Sprachkonferenzsoftware)

Twink: Charakter/Spielfigur neben dem Mainchar (=Hauptcharakter)

Verzauberungskünstler: Verzaubert mithilfe der Umwandlung seltener Gegenstände verschiedene Rüstungsteile

Wipe: Beim Wipe/Gruppenwipe wird die gesamte Gruppe getötet

WoW: Abkürzung für *World of Warcraft*

»Go, go, go!«

Diese meist kampfschreiartig ausgestoßenen »Gos« geben der Gruppe eines Raids an, wann der Tank – also derjenige, der den Schaden den der zu Bekämpfende ausübt, abfängt – bereit ist, also »angetankt« hat. Hört sich jetzt womöglich komplizierter an als es ist – oder umgekehrt. So oder ähnlich beginnt jeder Kampf gegen stärkere Widersacher. Diese »Bosse«, wie sie im Spiel liebevoll bezeichnet werden, sind meist nur mit besonderen und geschickt ausgeübten Taktiken zu legen – also ins Jenseits zu befördern. Des Öfteren so komplex und schwierig zu bewältigen, dass Topgilden und deren Mitglieder, Tag und Nacht daran setzen, im Lebensbalken der feindlichen Kreatur das Wörtchen »Tot« lesen zu können. Gefolgt von Jubelschreien, wie sie einst auf Schlachtfeldern lauthals in den Himmel emporstiegen. Ja, so theatralisch!

Hier trennt sich die Spreu vom Weizen. Hier trennen sich die Gelegenheitsspieler von den richtig guten Spielern. Denn nur wenn man richtig gut ist, kann man es zu etwas bringen. Ganz so wie im wahren Leben, um kurz in die Realität abzuschweifen, ist diese für einen *WoW*-Spieler ja ohnehin nicht unbedingt von besonderer Bedeutung. Jedenfalls kann man das so aus Sicht dieser richtig guten Spieler sehen.

War da ein erstes Kopfschütteln? Wenn ja, habe ich eine kurze Frage an diese wirklich guten *WoW*-Spieler: Welche Pläne haben Sie für Ihre berufliche und soziale Zukunft? Na? Überrascht wie leer es da in Ihrem Kopf aussieht? Nun ja, muss ja nicht jeder einen Plan haben, nicht wahr?

Aber es hat schon etwas, in den Hauptstädten einer der beiden Fraktionen zu tümpeln, während man von unzähligen anderen Tümplern – so nennt man das übrigens wenn man nur stupide in der Gegend umherirrt und aktuell keiner Aufgabe nachgeht – bewundert und angehimmelt wird. »Wo hast du die blauen Schultern her?«, flüstert einem ein Mitspieler da schon einmal fragend zu, dem man zugleich gerne den Weg zu diesen Prachtstücken erklärt. Grundsätzlich erläutert man das doch gerne, wird man so von Ruhm und Ehre überschüttet.

Achtung, Ertrinkungsgefahr!

Und es geht ja schließlich um Spielerkollegen. Oder besser, enge Weggefährten. Zusammenhalt und Brüderlichkeit, gegen den Feind! Wo anders findet man so viele Gleichgesinnte, wo nur? In dieser Welt, in dieser virtuellen Welt, ist es auch nicht wichtig welcher Abstammung man ist, welcher Religion man angehört, oder welche politische Einstellung man vertritt. Viel wichtiger aber, es ist egal ob dick oder dünn, pickelig oder rein, groß oder klein. Alles egal. Was für eine unkomplizierte und aufmunternde Welt, nicht wahr?

Also ich weiß ja nicht wie es Ihnen ergeht, lieber *WoW*-Spieler, aber ich fühlte mich stets wohl und bestätigt beim Spielen. Ganz anders als draußen. Draußen auf unseren rauen Straßen der Gesellschaft. Dort, wo nicht jener mit der muskulösesten, kampferfahrensten Marionette gewinnt, so klug, kräftig und forsch sie auch sein mag.

Aber anders, wichtiger, ich hatte nie das Gefühl, dass mir *WoW* geschadet hätte. *WoW* gar als dunklen Begleiter anzusehen – wie es von vielen ausgelegt wurde. Im Gegenteil, das Spiel machte mir sogar großen Spaß. Warum also daran zweifeln? Warum an etwas zweifeln, was einem Spaß macht? Nun, heute kenne ich die Antwort, weiß von welchem dunklen Begleiter die Rede war und bin glücklicher darüber, als ich es je zuvor über etwas anderes war. Irgendwann begann mein Kopf nämlich zu arbeiten, alles zu überdenken. Alles das, was man eben so tut, alles das, was einem Tag für Tag so viel Freude bereitet. Dann plötzlich bahnt sich der Verstand einen Weg aus dem eisernen Gefängnis emotionaler Täuschung und begräbt dieses zugleich in dessen eigenem Schutt. Ein gleich erschreckendes wie befreiendes Gefühl!

In Partnervermittlungsportalen im Internet meint ja jeder Zweite: Ein Tag ist für mich perfekt, wenn … ich mich am Abend ins Bett legen kann, und die an mir vorbeiziehenden Erlebnisse wohle Gefühle auslösen – oder so ähnlich. Ja, so sehe ich das auch! Doch die Gedanken an die täglichen mehrstündigen Wanderungen, die eben nötig sind, um den stupiden Aufgabenstellungen, die einem einmal von grünen kleinen, ein anderes Mal von großen blauen Wesen aufgetragen werden, Folge zu leisten, lösen nicht gerade solche Glücksgefühle aus. Jedenfalls dann nicht, wenn man erst einmal bemerkt hat, dass sie das auch gar nicht sollten, gehören solche Dinge nämlich nicht unbedingt zu jenen, die einen guten, oder gar perfekten Tag ausmachen sollten. Oder sehe ich da etwas falsch?

Zugleich kam mir die Accountauflösung eines guten Freundes gerade recht. Heraus aus dem Fulltimejob *WoW*, war plötzlich wieder ein Auge frei, um dem Leben, dem wirklichen Leben, Aufmerksamkeit schenken zu können. Doch schockierend wenn man plötzlich bemerkt, dass sich in der realen Welt – also da, wo die Grafik so unheimlich gut ist – nicht alles um Stats, Loots und Caps dreht.

Man kann sich eben leicht in dieser Welt verlieren und ersetzt schnell die lästige Realität. Das tägliche Raiden wird dann schnell einmal zum fixen Bestandteil eines jeden Tages, ohne auch nur den geringsten Gedanken darüber zu verlieren. Aber ist ja irgendwie klar, machen wir uns schließlich auch keine Gedanken beim Aufnehmen von Mahlzeiten, sondern machen es einfach. Gewohnheit, schleicht sich hier als schlagkräftiges Stichwort in die vorderen Reihen. *WoW* wird zur täglichen Gewohnheit, wie das Vorbereiten des Pausenbrotes, das Ablegen der Schuhe beim Betreten einer Wohnung oder den unzähligen anderen Dingen solch gedankenlosen täglichen Tuns.

Jetzt ist es aber so, dass viele ihre gegebenenfalls freiwerdende Zeit gar nicht für – nennen wir es einmal – Konstruktiveres nutzen würden. Womöglich sind Sie ja ein solcher, einer, der dann wieder nur vor dem PC hockt. Also ich kenne viele solche, mich größtenteils miteingeschlossen. Nur, und jetzt kommt der springende Punkt, ist die Welt eines solchen MMOGs in sich abgeschlossen. Was ich damit sagen will? Nun, alleine wenn Sie sich vier Stunden lang *YouTube*-Videos zu Gemüte führen, würden Sie Ihre Zeit schon bei weitem sinnvoller nutzen können. Klingt komisch, ist aber so! Denn die Welt von *YouTube* ist keine in sich abgeschlossene. Vorausgesetzt natürlich, Ihre Playlists sind nicht von starren Homogenitäten á la »Let's play *WoW*: Part 1-22; geschätzte Play-Time: 24h 22m« geprägt.

Ganz anders beschreibt sie audiovisuell das Tun von Millionen von Menschen. Egal was Sie so sehen oder hören, jedes Bild und jedes Geräusch kann jenes sein, welches Sie dazu veranlasst, Zeit für etwas aufzubringen, worauf Sie sonst nie gekommen wären. Klar geht das nicht von heute auf morgen, doch mit der Zeit kommt man so auf die verschiedensten Ideen und findet an Sachen Interesse, an die man Wochen zuvor nicht den kleinsten Gedanken verloren hätte. Plötzlich will man Klavierspielen lernen, ein Buch schreiben, ans Meer fahren, *iPhone*-Apps programmieren, es einmal mit Angeln probieren, einen Blog veröffentlichen und so weiter. Gut, die einen hassen das Meer, mögen keine *Apple*-Produkte und finden Fische ekelig, aber irgendetwas gibt es immer, etwas das tief vergraben in uns schlummert. Wir müssen nur danach suchen und Neuem eine Chance geben. Ja, dann spricht man von Horizonterweiterung! Bestimmt schon einmal davon gehört, nicht wahr? Na, warum versuchen Sie es dann nicht endlich einmal?

Doch auch wenn Sie diesem Denken anfangs etwas misstrauisch gegenüberstehen, ist es ja nicht so einfach umzusetzen wie beispielsweise ein Level-Up, erweist es sich bereits nach kurzer Zeit als äußerst vorteilhaft in sozialer, wie berufliche Hinsicht. Angefangen bei Treffen mit Freunden, bis hin zu Geschäftsessen oder sonstigen Erzählrunden.

Um meinem »Gegner« Paroli zu bieten, der jetzt salopp schreit, dass ihm *WoW* ohnehin stets als Gesprächsgrundlage dient, dem gratuliere ich an dieser Stelle zu seinem tollen Freundeskreis. Man sagt ja: Jedem das Seine! Wenn Sie sich in dieser kleinen Welt wohlfühlen, in der sich alles um Kills und Drops dreht, dann soll Ihnen das keiner nehmen, auch ich nicht. Meine Anregungen dazu sollen Ihnen lediglich das Bewusstsein vermitteln, dass die in ein solches Unternehmen investierte Zeit, womöglich – oder besser, sehr wahrscheinlich – keine Früchte tragen wird – nicht einmal ganz kleine. Ihr angeeignetes Wissen und Ihre angeeigneten Fähigkeiten in diesem

Spiel, bleiben auch in diesem Spiel. Womöglich ist dies für Sie jetzt unbedeutend. Vielleicht auch noch in einem, zwei oder gar mehreren Jahren. Aber eines kann ich Ihnen hier und jetzt versichern – Sie werden diese eigentlich verlorene Zeit missen, ob nun früher oder später. Da spreche ich aus Erfahrung, wehmütiger Erfahrung. Zwar weiß niemand was in 20, 30 oder 40 Jahren auf uns zukommt, aber eines ist gewiss, Ihre Bergbaufähigkeiten auf höchster Stufe werden Ihnen nicht weiterhelfen können. Sie werden Sie weder aus einer finanziellen Misere führen, noch gesundheitliche Probleme ausmerzen. Nein, wirklich nicht!

Man muss hier aber auch klar zwischen den beiden entscheidenden Beweggründen, beziehungsweise den beiden Hauptmotiven medialer Aktivitäten unterscheiden. Solch medialen Aktivitäten liegt nämlich entweder reine Unterhaltung, oder aber informatives Belangen zu Grunde. Wenn Sie also beispielsweise fernsehen, machen Sie das entweder um einfach unterhalten zu werden, oder aber hoffen auf eine Wissensbereicherung. Natürlich kann auch beides zusammen zutreffen, umso besser. Pure Unterhaltung hat jedoch stets ihren Preis. Wussten Sie das eigentlich? Oder anders, haben Sie sich darüber schon einmal Gedanken gemacht? Was sind Sie für Unterhaltung zu zahlen bereit? Es geht ja schließlich um Ihr Leben. Und von dem haben Sie nur eines, jedenfalls nach naturwissenschaftlich biologischer Interpretation. Sie sollten sich also fragen: »Deckt mein Konto des Lebens die Summen die ich an *World of Warcraft* abgebe, oder stehe ich ohnehin bereits in der Kreide?«

Aber zurück zu den unter Versierten allseits bekannten

»Gos«. Wie bereits erwähnt, stellen sich gewisse Gegner als äußerst schwer zu bezwingen heraus. Dies hat zur Folge, dass es zu jedem solcher Bosse bereits sogenannte Guides gibt. Man findet Sie auf *YouTube*, Fansites oder einschlägigen Fachmagazinen. Sie erklären in Schritt-für-Schritt-Anleitungen, wie der jeweilige Boss »down« zu bekommen ist. Pardon, dieser Fachjargon. Also wie man solchen Widersachern gekonnt die Stirn bietet.

Und an genau dieser Stelle hake ich ein! Gehen wir einmal davon aus, dass *World of Warcraft* von genau so vielen Personen geliebt wie gehasst wird, also 50:50. Kommt ja in etwa hin, oder? Ansonsten teilen Sie das Verhältnis neu, es tut hier nichts zur Sache. Dazu ein kurzes Gedankenexperiment:

Setzen Sie je einen Vertreter dieser Meinungsverfechter auf einen der beiden nun vor sich gedachten Stühle. Zeigen Sie Ihnen auf einer riesigen Leinwand, die durch einen Beamer bestrahlt wird, einen solch eben erwähnten Boss-Guide. Unabhängig voneinander betrachtet wird Ihnen auffallen, dass dem Liebenden spätestens nach dem »Go, go, go!« Glücksgefühle ins Gesicht geschrieben stehen. Seine Mundwinkel formen sich zu denen eines fröhlichen Clowns, seine Augen leuchten und funkeln, während sie wässrig das Bild des Lichtwerfers reflektieren. Die genau gegenteilige mimische Botschaft werden Sie dem Hasser entnehmen können. Konträre Gefühle, wie sie stärker und unterschiedlicher kaum sein könnten. Da braucht es nicht einmal wissenschaftliche Tests mit an deren Hirnen befestigten Elektroden zur Messung der Gehirnspannungen. Nicht aber, dass es die nicht auch geben würde.

Was ich damit zeigen möchte: *WoW* ist ein Spiel, welches

von den einen abgrundtief gehasst, von den anderen abgöttisch geliebt wird. Die Spanne oder Kluft zwischen diesen Widersachern, ist in diesem Spiel größer als in jedem anderen. Eigentlich faszinierend zu beobachten. Die Wortgefechte reichen hierbei von bösartigen Anschuldigungen bis hin zu beleidigenden Unflätigkeiten. Da aber das jeweilige Gegenüber immer meint Recht zu haben ist klar, dass man hier einen Schlussstrich ziehen muss.

Man kann davon ausgehen, dass auf keiner der beiden Seiten die einzig richtige Wahrheit zu finden ist. Im Gegenteil. Auf beiden Seiten finden sich gewisse »Halbwahrheiten«. An dieser Stelle sei erwähnt, dass Wahrheiten in diesem Sinne ohnehin schwierig zu interpretieren sind. Aber wer weiß denn nicht, was die Korrespondenztheorie besagt? Doch da ich denke, dass viele, dieser von Aristoteles gedachten elementaren philosophischen Hypothese nur wenig abhaben können, schmälern wir deren Bedeutung ganz einfach einmal darauf, dass die Wahrheit eben immer einem gewissen Bezug unterliegt. So kann ein grünes Blatt Papier beispielsweise auch nur wirklich dann grün sein, wenn man es unter Bezugnahme unserer Farbdefinition betrachtet.

Ganz so einfach ist es mit den Spielermeinungen rund um *WoW* natürlich nicht. Vor allem deshalb, weil objektive und subjektive Anschauungen in hitzigen Wortgefechten gerne einmal Hand in Hand gehen, was oft zu nichtssagenden Diskussionen führt. Genauso wenig ist es ein Leichtes, diesen eben erwähnten notwendigen Bezug zu finden. Um uns an dieser Stelle aber nicht in einem Dschungel irgendwelcher leeren Behauptungen zu verlieren, sehen wir uns das Ganze in der

Praxis an:

Eine oft zum Einsatz kommende Behauptung ist beispielsweise, dass *WoW*-Spieler keine Freunde hätten. Die Kernaussage wird hierbei von verschiedenen Faktoren gepuscht und extremisiert, was dem Grundstock einer vernünftigen Diskussion nicht gerade förderlich ist. Geht man aber von einer gewissen Toleranz der Übertreibung aus, die in Wortgefechten dieser Levels eben üblich ist, kann man die Aussage des Gegenübers darauf relativieren, dass man aufgrund des Spiels, sozial negativ beeinflusst wird. So faltet man das Ganze einmal auf eine möglichst objektiv zu betrachtende Ebene auseinander. Und naja, kann man das denn wirklich abstreiten?

Um dieser Anti-*WoW*-Aussage aber erst einmal den Rücken zu kehren, gleich ein Gegenbeispiel aus dem Lager der *WoW*-Befürworter. Da heißt es nämlich oft, dass die, die sich im Internet über *WoW* beschweren, genauso so wenig Leben hätten wie die Spielenden selbst. Ein ebenfalls klar formuliertes Argument, welches auf den Boden der Tatsachen heruntergeholt der sozialen Traurigkeit jener Ausdruck verleihen soll, die kostbare Lebensenergie für wirre Nörgeleien aufbrauchen. Das Interessante bei der Sache ist nur, dass auf der einen Seite mit aller Kraft über die ach so dümmlichen Kritiker hergezogen wird, doch auf der anderen Seite, die umgekehrte Variante dieses Spieles genauso existiert. Mittlerweile tun sich ja bereits ganze Anti-*WoW*-Gemeinschaften auf. Ob nun in Form von Foren, Gruppen, Blogs oder wie auch immer. Nicht selten aber passiert es dann, dass sich auch Krieger, Schamanen und Druiden dorthin verirren. Und wenn das Anstürmen, der Kettenblitzschlag und das Wurzeln einmal nichts nutzen, versucht man seine Missmut eben durch verbalen Konter zu kompensieren. Die Folge sind unaufhaltsame Kindereien, welche weder zielführend noch sonst irgendwie sinnbehaftet sind.

Um hier aber gleich wieder zum Kernthema zurückzukehren, ist es neutral, fair gesehen eben so, dass dieses Verhalten eigentlich völlig normal ist. Ja, eigentlich sogar noch »normaler«, als sich über etwas Positives zu erfreuen. Wer bitte meckert denn nicht gerne mit? Jeder muss seinen Senf dazugeben – wie man so schön sagt. Heben wir an dieser Stelle gemeinsam die Hand und grüßen dabei unsere ach so tolle Gesellschaft!

»Wirre Nörgeleien« aber nun hin oder her, für mich sind – menschlich gesehen jedenfalls – beide Seiten zu verstehen. Die einen, die alles daran setzten das Spiel zu zerfetzen, wie die anderen, die es mit allen Mitteln verteidigen. Niemand gibt sich kampflos kritischen Anfechtungen hin! Erst gar nicht ein mächtiger Streiter *Azeroths*! Andererseits appelliere ich aber an die Verteidiger, also an diese mächtigen Streiter, dass die Kritiken zwar meist hart und auch oft unfair dargebracht werden, diese aber dennoch meist auf gewissen Wahrheiten beruhen. Wo Rauch ist, ist auch Feuer. Oder anders, wo Hass ist, gibt es auch ein Grund dafür. Und bitte, bitte verehrter *WoW*-Anhänger, kriegen Sie das bloß nicht wieder in die falsche Kehle! Versuchen Sie stattdessen endlich zu begreifen, dass nicht jeder der seine Kübel voll Abneigung über *WoW* ergießt, auch gleich ein unaufgeklärter, intoleranter Alles-Hasser sein muss. Denn auch wenn Sie es nicht für möglich halten, gibt es da draußen auch Menschen die sich zu psychologischen Überlegungen hingezogen fühlen, Menschen die aus sozial-gesellschaftlicher Interesse heraus handeln, oder aber ganz einfach Menschen, die als selbstlose Diener der Gesellschaft fungieren, während sie ihren Drang nach Belehrung und Hilfe stillen. Also bitte reduzieren Sie nicht sofort jede Anti-*WoW*-Aussage auf bangloses Dahergerede. Versuchen Sie viel eher hinter die Kulissen der meist wilden Aufführungen frustgeplagter Schausteller zu blicken. Und glauben Sie mir, damit tun Sie sich nur selbst etwas Gutes!

Aus der anderen Sicht, der Sicht der Angreifer, wäre natürlich eine gewisse Zurückhaltung und Fairness angebracht, auch wenn dies nicht immer so einfach ist.

Eine ähnlich grundpsychologische Baustelle finden wir bei Menschen, die sich angegriffen fühlen. Zwanghaft versuchen sie alles kontrollieren zu können, während sie schnell den Bezug zur Realität verlieren und sich immer weiter ins wirrste Malheur quasseln. Bei *WoW*-Spielenden ist dies ganz besonders gut zu beobachten. Das Spiel löst Glücksgefühle aus, um nicht gar von anhaltender Glückseligkeit zu sprechen. So sieht es der Spieler als etwas Positives, also etwas Gutes. *World of Warcraft* wird zum Freund. Und ein Freund, ein richtig guter Freund, wird mit allen Mitteln verteidigt. Ganz normal. Problematisch wird es dann, wenn einem all diese Verteidigungsaktivitäten von möglichen Fehlern und Macken dieses Freundes ablenken. Während sich »Ihr Freund« dann hinter Ihrem Rücken zerstörungswütig auf Meucheltour begibt, sind Sie so eisern damit beschäftigt, die vor Ihren Füßen sich sammelnde Meute zu beschwichtigen, dass Sie die an Ihnen ausgerichteten Schandtaten des ach so hoch gepriesenen Freundes gar nicht mitbekommen. Oder wissenschaftlich ausgedrückt – ach was – finden Sie doch selbst heraus was *Dopamin* mit uns macht!

Die Probe aufs Exempel finden wir auch sehr rasch…

Mittlerweile befassen sich auch große Informationsportale namhafter Sender mit dem Thema Computerspielsucht. Als Ausschlaggebender wird hier gerne *World of Warcraft* angeprangert. Da kann es dann schon einmal passieren, dass die – nennen wir sie einmal – ahnungslosen Redakteure und Kommentatoren Terroristen aus *Counter Strike* in die mittelalterliche Fantasiewelt von *World of Warcraft* mischen. Zugegebenermaßen schon eine gewisse Fehlinterpretation spielbezogener Elemente, klar. Die zuschauenden *WoW*-Enthusiasten finden das aber dann so dermaßen verwerflich, dass der eigentliche Sinn, beziehungsweise die eigentliche Botschaft gar nicht erst ankommt.

Am besten gefielen mir die *YouTube*-Kommentare zu einem Troll spielenden, vermeintlich als Ork-Spieler bezeichneten Abenteurer. Für einen Szenenkenner ein Unding. »Man sieht doch dass das ein Troll ist!!!«, bekräftigte einer seine Aufregung mit mehreren Ausrufezeichen, während er sich mit hundert anderen Eingefleischten über den Bericht künstlich lächerlich machte.

Okay, das ist ein inhaltlicher Fehler, aber was hat das damit zu tun, dass immer mehr Jugendliche dem Onlinezwang unterliegen, immer mehr Jugendliche soziale Denkmuster verlieren oder immer mehr Jugendliche ihre Spielhöhlen nur noch als gesundheitliche Leichen verlassen? Das ist einfach nur bedauernswert und zeugt von solch einfältiger und beschränkter Denkweise, mit welcher die sozial-gesellschaftlichen Bedenken an alle da draußen noch größer werden. Lasst doch einmal Leutnante, Generäle und Kommandanten Strategien für die Eroberung der Zwergenfestung Eisenschmiede ausbrüten!

Lasst doch einmal einen Troll einen Ork sein! Und lasst doch einmal emotionale, inhaltlich nicht immer 100% korrekte Berichterstattungen eure Synapsen passieren, um sich über die eigentliche Bedeutung solcher in die Öffentlichkeit gerichteten Worte Gedanken machen zu können! Stichwort »Festungstor«! Solche Berichte leben nun einmal von Emotionen, auch wenn diese nicht immer ohne inhaltliche Zweifel präsentiert werden (können). Keinen interessiert ein zehnminütiges Geschwafel über Studien und Statistiken. Man braucht eben epileptisches Zucken und verzweifelte Eltern vor der Kameralinse. Anders scheint man die ganzen Süchtigen da draußen ja nicht mehr ansprechen zu können. Es glaubt ja keiner, wenn von chronischen Gesundheitsproblemen oder sozialer Isolation gesprochen wird.

Alles Schwachsinn, nicht wahr? Die ersten, die all das besser zu wissen glauben, werden an dieser Stelle schon wieder einen Fehler in meinen Zeilen suchen. Irgendwo hat sich doch sicher ein inhaltlicher Fauxpas versteckt, in dem man versteift herumstochern kann um gekonnt vom Thema abzulenken und sich selbst an der Kernaussage vorbeizulotsen. Niemand will nämlich plötzlich begreifen müssen, dass all seine Anstrengungen und Bemühungen im Grunde »für die Katz« waren. Die vielen, vielen Stunden. Nein, die können nicht fehlinvestiert worden sein. Stattdessen planen sie besser weitere Raids, Quests und Achievements um noch tiefer im virtuellen Gräuel zu versinken. Vergessen Sie nicht, während Sie das hier lesen, werden andere im Spiel immer besser und besser. Also nichts wie rauf aufs Mount und erkunden Sie ruhig weiter die »endlosen« Möglichkeiten Ihres Helden. Auf, auf!

Mein Tipp an dieser Stelle: Drehen Sie sich doch einfach einmal um und womöglich ertappen Sie den in Ihnen wütenden Meuchler auf frischer Tat. Nur zu, versuchen Sie es!

Sammle 20 …

Kodoknochen, entfache acht Leuchtfeuer, grabe nach ein paar Gebetsperlen und wenn du schon dabei bist, killst du am benachbarten Bauernhof noch 30 dieser aggressiven pestbefallenen Braunbären. Hast du all diese Aufgaben erledigt, kehrst du zu mir zurück. Meine Freunde und ich werden dich reichlich dafür belohnen!

Einige geschlachtete Pelztiere später, ist man dann stolzer Besitzer einiger virtueller Goldmünzen und bemitleidenswerter Verlierer kostbarer Lebenszeit. Wer dabei einen sinnvollen Zusammenhang sucht, nimmt sich einer Mission des Scheiterns an.

Sammle dies, töte jenes! Jede zweite Aufgabenerläuterung wird so oder ähnlich mit diesen stupiden, immer wiederkehrenden Worten eingeleitet, als gäbe es nichts Spannenderes als zwischen dichtem Geäst nach rosaroten Beeren zu suchen oder die Bewohner verwinkelter Unterschlupfbauten aufzuscheuchen. Aber womöglich gibt es ja wirklich nichts Aufregenderes in so mancher Leben – wenn man sich diesbezüglich mit dem Wörtchen »Leben« nicht einer Übertreibung hingibt.

»*WoW* hat es aber geschafft, aus einer solchen Aufgabe ein spannendes Abenteuer zu machen.«

Okay, so würde das womöglich ein *WoW*-Befürworter mit leicht emotionalem Touch ausdrücken – aber es stimmt schon: *Blizzard* hat es mit *WoW* zustande gebracht, einen ständig mit zig Aufgaben redlich zu bombardieren, gleichzeitig aber nie lästig zu werden. So eintönig und sinnlos diese Aufgaben des Öfteren auch erscheinen mögen, man führt sie stets mit ausdauernder Konsequenz und vorbildhafter Zielstrebigkeit aus.

Man bleibt ständig am Ball!

Ich habe mir schon oft Gedanken darüber gemacht, wie sich das hinter *WoW* schlummernde Konzept in die Arbeitswelt integrieren ließe. Stellen Sie sich das bloß vor! Da hieße es dann: »Hole mir zwei M6-Schrauben aus dem Lager!« oder »Übertrage die Vermessungskoten in den aktuellen Plan!« – und man würde den Aufgaben ebenfalls stets mit zielstrebigem Geist entgegenblicken, ohne je den Faden zu verlieren. Ja, warum eigentlich nicht?

Lassen Sie mich nun, von unverschämtem Geist geführt, eine Zahl in die Runde werfen. Neun! Ich behaupte, dass neun von zehn Spielern keine Quest-Texte lesen! Nein, höchstwahrscheinlich verliere ich mich hier immer noch in einer Untertreibung, doch möchte ich mich ja keiner ach so verachteten Verallgemeinerung hintun. Nun, wie ist das mit Ihnen, verehrter Troll, Zwerg oder wie auch immer? Sind Sie einer von diesen berühmt berüchtigten Quest-Text-Lesern, von denen gemunkelt wird? Gibt es da eigentlich Statistiken darüber? Also Zahlen, die zeigen würden, wie viele Spieler das Aufgabenfenster wirklich nur als zierenden Rahmen für den Annehmen-Button betrachten. Alles herumirrende Geistlose, die sich nicht für das um solche Aufgaben erstreckende Konstrukt spannender Abenteuer interessieren, wie man das auch formulieren könnte. Könnte, wie gesagt!

Den Dummschwätzern, die an dieser Stelle lauthals behaupten sich dennoch für die Historie zu interessieren, sei hier gesagt, dass sich unter diesem Interesse eben nicht nur das Aufschnappen von Storyfetzen aus Intro-Videos versteht. Nur so zur Klarstellung!

Beim Lesen der Quest-Texte würde ja tatsächlich so einiges über die Ereignisse rund um das jeweilige Levelgebiet preisgegeben werden. Die Geschichte rund um dieses Universum wäre ja auch wirklich packend, keine Frage. Das beweisen alleine die bänderfüllenden Wälzer rund um das Geschehen des sich hier ergebenden pompös-mächtig anmutenden Konstrukts einer Welt zweier befeindeter Fraktionen. Es wird bekriegt und verbündet, verleumdet und unterstützt, verbrannt und erbaut. Aber für das Spiel an sich völlig unbedeutend.

Ich kann ja ehrlich gesagt verstehen, dass einem die meist mitreißende Geschichte, die rund um ein ordentliches Rollenspiel aufgebaut wird – á la Retter der Welt – dazu veranlasst, sich mit allen Mitteln ans Ziel zu kämpfen, aber welch ausschlaggebender Faktor werkt dann hinter *WoW*? Jedenfalls für diejenigen, die von Quest-Texten scheinbar genau so viel halten, wie die meisten Kinder von Spinat? Vor allem deshalb, weil man ja eigentlich keinem konkreten Ziel entgegenspielt. Ist es also wirklich einzig und allein der blühende belanglose Ruhm, der einen dazu treibt?

Ein weiteres »Mysterium« welches sich hierbei auftut, ist das des Skillens. Unter »skillen« versteht man das Ausbauen seiner Fähigkeiten in einem gewissen Bereich. Einer dieser Bereiche ist beispielsweise der der Berufe. Ja, Berufe! So wie im wahren Leben! Da gibt es zum Beispiel die Kräuterkunde. Diese befähigt einen, Kräuter, die überall in dieser Onlinewelt wachsen, ernten zu können, um sie später unter anderem in magische Tränke umwandeln zu können. Ich war dazumal als aktiver Spieler selbst einer dieser gelehrten Kräuterkundler und oft stundenlang am Stück unterwegs, flatternd am Flugmount auf der Suche nach brauchbaren Gewächsen. Ich habe die gelben Punkte auf der Minimap noch immer vor Augen. Heute frage ich mich, was mich dazu bewogen hat, von einem solchen gelben Punkt zum nächsten zu gleiten. Ehrlich? Ich weiß es nicht!

In meinen Jahren der hart umkämpften Streifzüge durch die Länder *Azeroths* habe ich auch immer wieder versucht, anderen das Spiel schmackhaft zu machen. Man tut ja auch wirklich alles, um Debütanten ins Spiel zu bekommen – warum auch immer. Man erklärt zuerst das Spielprinzip...

»Nun man hat da einen Char! Seinen Char!«

Erste Gegenfrage, was denn überhaupt ein solcher Char ist?

»Naja, ein Charakter eben ...«

Nicht der aus der Realität, die Spielfigur ist gemeint.

»Hauptaufgabe ist es den zu leveln und auszurüsten, um ihn immer stärker werden zu lassen!«

Ja, ist es wohl? Oft präsentiert man währenddessen seine Spielfigur am Bildschirm.

»Schau, hier habe ich Handschuhe gefunden! Mit denen werde ich stärker!«

Schon sind wir beim »Ich« angelangt und bereits selbst im Spiel.

»Erst kürzlich habe ich mächtige Stiefel bekommen und...«

»Jaja! Aber was ist jetzt das Ziel?«, entgegnen einem die Schüler meist rasch.

Kurze Pause.

»Ziel, naja...«

Am besten man lenkt gleich ab.

»Da ist zum Beispiel ein *Golddorn*, schau nur! Den brauche ich noch für mein *Katzenaugenelexier*!«

Man erklärt und erklärt. Es gibt ja auch wahrlich endlos viel zu erklären. Nur das mit dem Ziel ist eben so eine Sache. Dabei kann es dann passieren, dass einem die neuen Hoffnungsträger plötzlich über die Schultern fauchen und von oben herabschauend stänkern, dass ihnen das doch viel zu viel Arbeit wäre. So viel Mühe und so wenig Sinn? Wahrlich eine grausige Kombination!

Nun, ehrlich gesagt, nüchtern betrachtet ist es auch eine ordentliche Schufterei. Spätestens jeder Verzauberungskünstler dürfte das jetzt wohl bestätigen. Also, warum tut man sich diese Arbeit nur an?

Diese Frage durften viele meiner Plauderpartner beantworten und wissen Sie, was die meisten geantwortet haben? »Weil's Spaß macht!« Ja, genau! Weil es Spaß macht! Nun, die meist von wilden Überlegungen geprägten Nachdenksekunden auf der Suche nach einer alles erklärenden Antwort in deren Köpfen und die darauf folgenden träge ausgesprochenen paar Worte erklären eigentlich alles von selbst. Als genauer Beobachter merkt man, wie sie in deren Gedankenschubladen suchen und kramen, um eine Erklärung für das alles zu finden. Nichts! Sie finden nichts! Bis sie dann die vor Verzweiflung getränkte, bedeutungslose Lächerlichkeit vor den Mauern ihrer Unsicherheit ergießen.

Um Himmelswillen! Das ist alles andere als Spaß! Oder versteht man als *WoW*-ler einfach etwas ganz anderes unter diesem Wort? Ich meine okay, den komplexen Gedankengängen dreifacher Doktoren und Universitätsgelehrter zu folgen ist nicht immer gerade einfach, aber so Wörtchen wie »Realitätsverlust« oder »sozialer Verfall« sind nun wirklich nicht so schwierig zu verstehen. Nein, ehrlich jetzt! Warum macht sich das fortschrittlichste und intelligenteste Wesen unseres Wissens so gut wie keine Gedanken zu seinem eigenen Leben? Es war mir immer wieder aufs Neue schleierhaft, warum keiner sein Tun auch nur ein klein bisschen hinterfragt hat. Einmal darüber nachzudenken, was es eigentlich wirklich bedeutet, Spaß zu haben. Einmal darüber nachzudenken, was es eigentlich wirklich bedeutet, Freude zu empfinden, glücklich zu sein. Oder ganz »einfach« einmal darüber nachzudenken, was es eigentlich bedeutet, zu leben. Und so simpel und unbedeutend diese Überlegungen für viele scheinen mögen, so komplex und essentiell sind die Antworten auf sie. Und obwohl ich stets mit fairer, ruhiger und argumentativer Manier versucht habe meinem Gegenüber das einzutrichtern, ihn zur mentalen Kapitulation zu bringen, verteidigte stets jeder seine Spielsucht. Ach Quatsch! Spaß am Spiel, so heißt das! Dabei waren die Worte meiner Zöglinge nicht unbedingt aussagekräftig oder gar überzeugend, aber es waren doch Ansätze verbalen Widerstands auszumachen. Redlich nach dem Motto: »Bis zum letzten Mann!«

Ja, wie Abhängige, die ihren Suff überspielen, ihre Gier zu Zigaretten kaschieren oder ihre Lüsternheit zu anderen Drogen übermalen. Gleich furchterregend wie bemitleidenswert!

Aber man sagt ja, Leute die gedanken-und gefühlslos durch die Welt marschieren, haben es viel leichter. Man macht sich eben keine Gedanken darüber, ob man dem seit Jahren ermüdenden Job auch morgen noch nachgehen möchte, sondern macht ihn einfach. Ein Problem, welches – auch aufgrund wirtschaftlicher Rezessionen – viele da draußen tagtäglich mit sich herumschleppen. Meist sogar ohne es zu bemerken. Nur kann man so ganz leicht seine eigenen Ziele aus den Augen verlieren. Die Erfüllung eines Selbst bleibt dann gerne einmal auf der Strecke. Früher oder später holt dieses Denken aber jeden ein. Für viele kratzt es mit des Todes Klinge am Sterbebett. Dann ist es aber zu spät! Über das sollte sich jeder im Klaren sein!

Und das heute noch viel zu wenig beachtete Pendant zu dieser Problematik, ganz frisch von der Unterhaltungsindustrie entworfen, infiziert derweilen die nichtsahnende *WoW-Spielergemeinschaft*. Betrachtet man das Ganze von außen, weiß man nicht, ob auf der einen Seite die Sinnlosigkeit des Tuns oder auf der anderen Seite die Einfältigkeit der Menschen, die Waagschale der Dreistigkeit stärker nach unten zieht. Ist man aber erst einmal drinnen in der *World of Warcraft*, ergibt sich alles von alleine. Man tut das, was ein *WoW*-Spieler eben tut, Tag für Tag und fühlt sich dabei pudelwohl – jedenfalls redet man sich das ein.

Mich erinnert dieses Verhalten an einen alten Schulkollegen, Markus. Markus ist dem Wettzwang unterlegen. Seine Geldbörse strotzte von diesen reinweißen, kleinen, länglichen Wettbestätigungen. Hauptsächlich waren es Fußballwetten. Systemwetten, 3-Weg-Wetten, 2-Weg-Wetten. Alle waren sie vertreten. War er süchtig danach? Seiner Ansicht nach nicht.

»Warum spielst du eigentlich?«

Seine Antwort?

»Weil´s Spaß macht!«

Na? Bekannt?

Ich war damals ein junger Narr und habe mich verleiten lassen, seinen Rufen in die Wettbüros zu folgen. Irgendwie hörte sich das ja auch ganz interessant an, noch dazu mit einem gewissen Nervenkitzel. Ja, der Nervenkitzel, die Möglichkeit auf finanziellen Gewinn, das »spannend machen« von ansonsten langweiligen Matches, alles Dinge, die am Wettvergnügen reizen. Und die paar Euros – oder waren es noch Schillinge? – hat man doch immer auf der Seite. Waren es zuvor nur Kleingeldwetten, kletterten die Einsätze zunehmend gen Risiko. Zum Glück stieg ich rechtzeitig aus diesem Geschäft wieder aus. Banale Logik und mathematische Grundkenntnisse schützen hier ganz klar vor finanziellen Einbrüchen. Auch mit Markus wollte ich eine solche Gewinn-Verlust-Rechnung aufstellen. »Einfach mal um zu sehen, was nach einer Woche dabei herausschaut.« Was anfangs so gut wie geritzt erschien – ich nahm bereits einen Zettel zur Hand – stellte sich als wahre Tortur heraus. Beim besten Willen war er nicht davon zu überzeugen, eine solche Rechnung aufzustellen. Dabei war er anfangs weder wütend noch sonst irgendwie erregt. Im Gegenteil. Er war eher ängstlich und zurückhaltend. Meine, einige Tage zuvor kumulierten roten Zahlen, belächelte er stümperhaft. Stotternde Ansätze verbaler Verteidigung versanken im Nichts. Wenige Überzeugungsversuche später, zog ich aber von dannen, wollte ich unsere Freundschaft ja nicht »unnötig« gefährden. Solch dilettantische Verteidigungsimpulse können nämlich rasch die Schwelle der Beschaulichkeit überschreiten und plötzlich in Wut und Aggressionen übergehen. Dieser Markus ist heute arbeitslos und wohnt noch immer bei seiner Mutter, kehrt aber immer noch fleißig in diese gut besuchten Wettannahmestellen ein. Macht ihm ja Spaß...

Sucht als Qualitätsmerkmal

Was macht ein gutes Computerspiel aus? Es muss Spaß machen, eben unterhaltsam sein! Aber stimmt das überhaupt? Ist diese Frage wirklich so einfach zu beantworten? Ist ein Computerspiel grundsätzlich gut, wenn es Spaß macht? Viele meinen ja. Aber betrachten wir hierzu folgende Beispiele:

Ist Schokolade grundsätzlich gut, weil sie unsere Zungenrezeptoren zart berührt und unsere Geschmacksnerven verzaubert? Ist Alkohol grundsätzlich gut weil man sich im Rausch unbeschwert, heiter und ganz einfach spitzenmäßig fühlt? Sind Drogen grundsätzlich gut, weil man sich mit ihnen in faszinierende Traumwelten prächtigster Begeisterungen begeben kann?

So grundlegend betrachtet hört sich das doch alles ziemlich gut an, nicht wahr? Aber: Jedes schokoladenverschmierte 180-Kilo-Nilpferd wird das spätestens auf der Waage gegenteilig beurteilen. Jeder Rauschige wird das am Tag nach seinen Exzessen nicht mehr so sehen. Jeder Drogenabhängige wird im weißen Kittel in der Entzugsklinik anders darüber denken. Von finanziellen Verlusten einmal ganz abgesehen.

Einfältig betrachtet blühen all diese Dinge auf guter Saat. Die Frage ist nur: Zählen Sie sich zu diesen einfältigen, Drogen nehmenden, Schokolade in sich hineinstopfenden Schnapsdrosseln?

Nicht alle Dinge, die wohlwollende Gefühle auslösen sind grundlegend gut. Nein, keineswegs! Viele gehen hier vermeintlich sogar so weit zu behaupten, Sucht sei ein Qualitätsmerkmal für gute Spiele. Je süchtiger ein Spiel macht, desto besser ist es! In gewisser Weise ist diesem Denken ja sogar Richtigkeit zuzuschreiben. Das ist so wie mit der Wahrheit – es ist immer eine

Frage des Bezugs, beziehungsweise der Perspektive.

Doch wenn ein Computerspiel so dermaßen begeistert, dass es einen in den Bann virtueller Unterhaltung zieht und redlich darin fesselt, dann setzt das schon ein gewisses Maß an entwicklerischer Cleverness voraus. Und die sei erst einmal gefunden!

Doch ist es eben so, dass der Mensch relativ einfach zu beeinflussen ist. Führe ihn in ein Szenario ein, in dem er jemand sein kann, jemand, der er im wahren Leben niemals sein wird – und schon stellt er die Ohren auf. Der Großteil unserer Gesellschaft spielt das Spiel des Lebens auf den schlechten hinteren Plätzen. Sie bekommen nur vom Hörensagen mit, welch prächtige Vorführung in der Manege der Stars vor sich läuft. Setzt man ihnen dann finanziellen, sozialen oder sonstigen gesellschaftlich vorteilhaften Erfolg vor die Nase, laufen sie ihm, wie kleine Hunde dem Stöckchen, nach. Oft reicht es dann beispielsweise aus, einen symbolischen goldenen Pokal für 20 gespielte Stunden zu verleihen. Denn wer möchte nicht gerne einen Pokal entgegennehmen? Und golden ist er noch dazu! Na dann nichts wie auf zum 20-Stunden-Marathon! Im Grunde ist es wirklich so einfach. Ja, wirklich!

Kennen Sie die 600€/Tag-Heimjobs? In letzter Zeit sprießen sie wie Unkraut aus aufgelassenen Gräbern. Ihnen wird versprochen, mehrere hundert Euro für nur wenige Minuten dauernde Arbeit einzunehmen. Und das von zuhause aus, jeden Tag! Meist arten solche Angebote in hirnrissige Pyramidenspiele aus, welche im Endeffekt nur Verluste einspielen. Mittlerweile soll das über besondere Pokersystematiken funktionieren, durch Kettenbriefe, Newsletters, und vieles mehr. So banal die

Maschen der Abzocker und deren negative Suggestionen auch sind, der Anklang ist riesig. Die Versprechungen zielen ganz klar auf emotionale Reize ab. Denn wer würde nicht gerne beim Nichtstun Unmengen von Kohle scheffeln? Sie etwa?

Sie ahnen womöglich auf was ich hinaus möchte. Nun, ganz so einfach ist es mit Computerspielen ja auch wieder nicht. Die Grundvoraussetzung einer suchterzeugenden Entwicklung ist nämlich immer noch eines: ein ansprechendes Grundkonzept selbst. Andererseits haben bereits großnamige Chefentwickler selbst die Funktionsmuster suchterzeugender – oder zumindest ansprechender – Spielsystematiken dargeboten.

Allen voran begeisterte die *Game Developers Conference 2010*. Sid Meier, der seit 1982 Spiele entwickelt, sprach als Hauptredner über die Psychologie des Spieldesigns. Man durfte ihm lauschen, wie er sich über das »Gewinner-Paradoxon« ausließ oder über »künstliche Un-Intelligenz« sprach. Der Spieler muss belohnt werden, meinte er beispielsweise: »Die ersten 15 Spielminuten müssen einen Riesenspaß machen und einen Ausblick darauf geben, was später im Spiel passiert. Die Spieler können dabei fast nicht genug belohnt werden!« Nein, seine Rede fand nicht unter dem Titel »Wie kreiert man einen suchterzeugenden Titel« statt – nicht offiziell zumindest. Mir – und ich hoffe auch Ihnen – zeigt das aber ganz eindeutig, dass hinter Computerspielen ausgeklügelte psychologische Mechanismen werken. Mehr und stärker ausgeprägt als unbedacht angenommen wird.

Und hier scheint *Blizzard* ein Opus spielpsychologischer Glanzleistungen entwickelt zu haben. Denn es passt so wirklich alles! Von den ersten einführenden Schritten auf die matschigen Bodentexturen, bis hin zum endlosen Finish sinnlosen Tuns. Da muss man *Blizzard* schon loben. Toll! Toll, wie ihr es schafft die sozial Mittellosen in eure Welt zu verschleppen, um sie dort festzuhalten, als wären sie eure hirnlosen Sklaven! Entschuldigen Sie meinen Ausrutscher, aber sind wir uns ehrlich! Schon einmal einen Blick auf diese »hirnlosen Sklaven« geworfen? Also nicht auf deren ungeheuer potenten kampfbewussten Tauren, sondern auf die realen, vor den Flimmerkisten beheimateten Zockerseelen. »Unscheinbare Knilche, die sich gar vom Sonnenlicht zu fürchten scheinen«, wie es ein eingefleischter *WoW*-Delinquent intensiv in einem Forum ausdrückte. Jetzt aber einmal halblang! So beleidigend muss man das doch nicht formulieren! Oder sollte man besser sagen, so ehrlich muss man das doch nicht formulieren?

Nun ja, eines verstehe ich bis heute nicht. Wenn *World of Warcraft* so toll ist und so großen Spaß macht, warum spielen es dann nicht mehr erfolgreiche Schauspieler, Sportler, Sänger, Geschäftsleute, Bankiers, Politiker, Anwälte oder andere Schöne und Reiche? Die bringt man ja nur selten mit *World of Warcraft* oder mit Computerspielen im Allgemeinen in Verbindung. Jedenfalls wenn nicht gerade wieder ein Marketingmitarbeiter von *Blizzard* mit den Geldscheinen hinter der Kamera wedelt. Da frage ich mich doch: Bloß so?

Fakt ist, bei einem Großteil der *WoW*-Spieler, ist ganz klar von Gesellschaftsunfähigen die Rede. Ein essentielles Thema wie ich finde, welches uns nach ein wenig Gerede schlussendlich dazu führen würde, der Gesellschaft die Schuld zuzuschieben. Was wiederum ja auch gar nicht so verkehrt ist. Wäre es heutzutage nämlich nicht so überaus wichtig cool und angesagt zu sein, würden sich viel weniger Lebensuntüchtige zuhause einkerkern und sich in Spielen wie *World of Warcraft* ein zweites Leben aufbauen müssen. Und ein Unternehmen sieht hier Geschäftspotential, ganz klar!

Das Traurige dabei ist, dass die Spieler das nicht einmal mitbekommen, beziehungsweise es nicht mitbekommen wollen. Warum bitte erkennt man die spielende Mehrheit denn schon meist alleine vom Hinsehen? Bereits in der Schulklasse muss einem doch auffallen, dass der sportliche, gutgekleidete, attraktive Banknachbar zur Linken kein *WoW* spielt, die pickelige Brillenschlange mit fettigen Haaren zur Rechten aber schon.

Würden sich Menschen selbstkritischer vor ihre Spiegel stellen, würde solch Unverschämtheit weniger stark greifen können – egal ob nun durch *World of Warcraft*, *Counter Strike* oder eine andere solch erfolgreiche sozial-gesellschaftliche Katastrophe ausgelöst.

Ein äußerst kritisches und kontroverses Thema, über welches sich aber jeder einmal den Kopf zerbrechen sollte, um so womöglich zu begreifen, dass die endlos unterhaltenden Spielgeplänkel nichts mehr mit harmlosen spaßigen Aktivitäten zu tun haben, sondern viel mehr eine große soziale Gefahr darstellen.

Aber wieder zurück. Es ist interessant anzusehen, wie all die, eine Spielmechanik vorteilhaft beeinflussenden psychologischen Tricks in dieser Entwicklung gekonnt verpackt wurden.

Psychologisch gesehen steckt eben einiges mehr hinter den hell erleuchteten Hinweisen, die einem mit pomphafter akustischer Untermalung ins Bild klatschen, hat man eine Errungenschaft mehr gemeistert. Dem Spieler wird ein Gefühl vermittelt, etwas ganz Besonderes geschafft zu haben. Etwas, das nicht jeder hat. Etwas, das einen von den anderen abhebt. Irgendwie ein gutes Gefühl. So hebt man sich mit einem solchen Erfolg zum anderen immer mehr von den anderen – den anderen Schlechteren – ab. Dabei lässt man aber außer Acht, dass einem die so gesammelten, immer mehr und mehr werdenden Achievementpunkte in keinem Bewerbungsgespräch der Welt weiter helfen, keine gesundheitlichen Schwierigkeiten ausmerzen und auch auf sonst keine realen Aspekte vorteilhaft beeinflussend wirken. So leid es mir tut, aber das ist die grässliche Wahrheit!

Ich bin kein Profi was solche spielpsychologischen Tricks angeht, aber hier reicht ein schweifender Blick auf die in den Hauptstädten herumirrenden – wie war das noch gleich, ach ja – Kriegskünstler. Einer funkelt mit seiner furchtlosen, ehrenhaften, königlichen, ruhmvollen und mit welch tollen Adjektiven auch immer behafteten leuchtenden Rüstung schon aus der Ferne. Ein anderer bringt mit lautem Gerufe in den Handelskanälen 20-er Stacks *Frostdorne* an den Mann, die er Tage zuvor in den schneeverwehten Arealen *Nordends* mit wässrigen brennenden Augen gesammelt hatte. Wieder ein anderer verkauft seine angeeigneten sensationellen Fähigkeiten als Verzauberungskünstler, während sich die Menge um ihn scharrt, als gäbe es nichts Wichtigeres.

Mit dem nötigen Fleiße können Sie so jemand ganz Besonderer sein. Da braucht einen dann nicht mehr Mutti zum Müllentsorgen, sondern dutzend Spielerkollegen zum Kämpfen und Handeln. Sie sind dann gefragt, man braucht Sie, ja schon fast ein Star. Sie sind dann eben etwas ganz Besonderes!

Also etwas ganz »B e s o n d e r e s«.

Es ist eben eine Sache ein Spiel zu entwickeln, welches so »gut« ist, dass es abhängig macht, eine andere, sich die Einfältigkeit der Spieler – die Grenze zwischen Gut und Böse überschreitend – zu Nutze zu machen. Und hier scheint *Blizzard* ebenfalls ein Opus, Spieler ausnehmender Glanzleistungen entwickelt zu haben. Schamlos wird der zahlende Konsument nach Strich und Faden seines Geldes entledigt, so dass dieser es nicht einmal mitbekommt, während er zur Onlineüberweisung schreitet und mehrere Geldstücke für unbedeutende Bits und Bytes in Form von flauschigen Weggefährten fallen lässt.

Jemand hat einmal witzelnd angenommen, dass *Blizzards* Feiern mit an den Wänden der riesigen Festtagshalle hängenden Bildern von allen abgezockten Spielern zelebriert werden. Mit dem Motto »Die Alle sind für unseren übermächtigen Geburtstagskuchen verantwortlich«, kreist die Chefität um die hell erleuchteten Gesichter, während sie sich an ihren prall gefüllten Geldbörsen ergötzen. Natürlich völliger Schwachsinn! Oder?

Wie viele Menschen durch das Spiel bereits sozialgesellschaftlich negative Bahnen eingeschlagen haben, wird dabei gerne einmal unter den Teppich gekehrt. Unwichtig!

»Alkohol ist dein Sanitäter in der Not«, wie es Herbert Grönemeyer in einem seiner musikalischen Kunstwerke bereits zum Besten gab, ist es für viele Spieler nicht – oder nicht nur – der Alkohol, sondern eben *WoW*. Dass das aber alles andere als etwas »Gutes« ist, sieht doch jeder ein, oder etwa nicht?

Mit den immer mehr in Mode kommenden MMOGs, steigt zugleich die Anzahl der Computerspielsüchtigen, wie auch die Frage nach Gegenmaßnahmen ungemein lauter wird. *World of Warcraft* rangiert sich fuchslistig neben Alkohol und Nikotin. In

Reih und Glied steht die Online-Spielesucht neben stoffgebundenen Substanzen wie Haschisch und Heroin. Und salutierend wie sie da steht, wird sie kritisch durchs Zielfernrohr beäugt, während der Finger am Abzug zuckt. Am Gewehr, die Drogenbeauftragten der deutschen Bundesregierung. Ja, die Sucht-Jahrestagung 2009 stand ganz im Zeichen von Online-und Spielesucht, wobei kein anderes Programm so im Zentrum von Kritik und Diskussion stand, wie *World of Warcraft*. Da wäre es doch interessant, den Worten des Initiators lauschen zu dürfen. Ja, das hat sich auch der Veranstalter gedacht. Nur blöd, dass sich Hersteller *Blizzard* einem Dialog vehement verweigerte.

Stattdessen lässt man Schlagzeilen wie »Suchtspiel *World of Warcraft*: Drohen *Blizzard* bald erste Klagen?« oder »Klare Parallelen zwischen *Blizzard* und der Zigarettenindustrie« einfach unbedacht abprallen. Doch warum sollte *Blizzard* einer solchen Sucht-Tagung auch beiwohnen? Sie wissen doch selbst am besten, wie schlimm es durch ihr Glanzstück geworden ist, das müssen sie sich nicht auch noch vorreden lassen. Nicht wahr?

Übertrieben meinen Sie? Na, dann ab nach China, wo nach Richard Heeks 80% der 2008 geschätzten Zahl von 400.000 Goldfarmern tagtäglich hinter verschlossenen Türen arbeiten müssen. Macht bestimmt eine Menge Spaß! An Ständen in den Großstädten wird nach Frischfleisch gesucht. Zwölf Stunden Dauerzocken in zwei Schichten, dazwischen wird geschlafen und gegessen. Die Arbeitsgeräte müssen 24 Stunden an sieben Tagen die Woche im Betrieb sein. Chinafarmer, wie sie auch genannt werden, geht als neues Modewort durch die Schlagzeilen. Firmen auf der ganzen Welt handeln mit den virtuell erspielten Gütern und verdienen sich eine goldene Nase. Ein äußerst lukratives und prächtig florierendes Geschäft wie es scheint. Dass junge Chinesen und Chinesinnen zum Spielen gezwungen werden, nachdem ihnen die Pässe abgenommen wurden, und ernste gesundheitliche Folgeschäden davontragen, wird dabei vernachlässigt. Ich finde das äußerst schlimm! Sie etwa nicht?

Die chinesische Regierung hat am 30. Juni 2009 beschlossen den virtuellen Währungshandel zu verbieten und dagegen vorzugehen. Da kann ich nur sagen: Gutes Gelingen! *Blizzard* verbietet den Goldhandel in den Nutzungsbedingungen und geht aktiv dagegen vor, schreiben sie, nachdem sie es doch waren, die das Ganze eigentlich erst ins Rollen gebracht haben. *Blizzard*-Fans sehen das wahrscheinlich wieder ganz anders.

Aber wahrscheinlich haben die Veranstalter solcher Konventionen auch alle keine Ahnung. »Bei 70% der Patienten ist die Onlinesucht unter anderem auf *World of Warcraft* zurückzuführen«, wie Despina Papadimitratou, eine Dipl.-Psychologin und Psychotherapeutin in einem Interview meint. Auch Schwachsinn, nicht wahr?

Blizzards Meisterwerk ist und bleibt einer der heftigsten Auslöser suchterzeugenden Übels neumoderner Computerspiele! Da können Sie sich noch so stark das Gegenteil einreden!

Suchtbedingte Qualität und wahre Qualität verschwimmen bereits sehr stark. Gewaltige imposante Scheinwelten, packende virtuelle Erzählungen, mitreißend lebensechte Gefühle, atemberaubende Actionsequenzen oder schaudernde Schrecksekunden – all diese Spielelemente werden heute für endloses sinnfreies Drücken auf kleine rechteckige Buttons links liegen gelassen. Aufpassen! *WoW* spielt doch in einer solchen gewaltigen imposanten Scheinwelt. Full Ack! Von brennenden, verwüsteten, kahlen Steppen, bis hin zur fruchtbarsten Flora und Fauna ist wirklich alles vertreten. Gefällt mir persönlich sehr gut. Nur gefiel mir das Leveldesign von mindestens ein Dutzend anderer Computerspiele mindestens genauso gut. Der Unterschied ist nur, die spielte man durch – womöglich auch ein paar Mal – und legte sie dann beiseite. *World of Warcraft* spielt seit Jahren auf gleichem Boden, an dem sich *Blizzard* aber auch noch lange Zeit nach Release wohl ernährt, um nicht zu sagen »fett frisst«. Und kommen Sie erst gar nicht auf die Idee, die Änderungen und Erweiterungen durch die Add Ons und Patches über die eigentliche Sache zu stellen. Solche Spielerweiterungen werden ohnehin nur dazu eingeführt, um die Jetzt-wird-es-langweilig-ich-hör-auf-zu-spielen-Schwelle noch weiter hinauszuzögern, indes der Langzeiterfolg geschürt und die finanziellen Erfolge noch weiter gesteigert werden. Dass es dabei lange nicht mehr einfach darum geht, den Spieler zu unterhalten, ist Fakt!

Aber warum soll man sich auch noch in andere, noch abgeschlossenere virtuelle Welten begeben, wenn man sich in *WoW* doch pudelwohl fühlt? Man hat viele Freunde, wird von Tag zu Tag mächtiger, durchlebt eine spannende Aufgabe nach der anderen und – ehe ich es vergesse – hat eben einen Heidenspaß. Ein nie enden wollender Spaß! Also ehrlich, das muss doch locken. Doch da fällt mir etwas ein, was Ihnen auch gefallen könnte. Da gibt es so ein Mittel das euphorisierend, schmerzlindernd und zugleich schlaffördernd wirkt. Sie steigern damit Ihre Lebensfreude, lindern jeglichen Schmerz und können beruhigt zu Bett gehen. Na, hört sich doch gut an? Dann probieren Sie es doch einmal mit Heroin! Blödsinn? Warum das denn?

Als *WoW*-Spieler lassen Sie doch auch jegliche Nachteile außer Acht. Dass das Schadenspotenzial dieses Stoffes das Höchste aller Drogen aufweist, dürfte Sie dann ja genauso wenig kratzen, wie jenes, welches von diesem Spiel ausgeht. Die Folgen, also psychische und physische Schäden tragen Sie als *WoW*-Spieler genauso wie Heroinabhängige – das muss Ihnen endlich bewusst werden!

Aber wenn Sie sich schon nichts aus sich selbst machen, womöglich haben Sie ja Bedacht auf die immer häufiger vorkommenden Todesfälle oder machen sich Sorgen um die eingekerkerten, Tag und Nacht farmenden chinesischen Jungen und Mädchen. Vielleicht denken Sie aber auch einfach nur an die Spieleindustrie. Alles nichts? Na, dann »Glück auf!«, unserer intellektuellen Zukunft.

Gut, besser, *World of Warcraft*! Falsch! Getreu dem Motto der *WoW*-Fangemeinde: je mehr Spieler ein Spiel verzeichnet, desto besser ist es – wie es eben ein Beweis für die Prächtigkeit von *World of Warcraft* sein soll – dürfte wohl *Farmville* das beste Spiel überhaupt sein. *Farmville* verzeichnet nicht nur ein Vielfaches mehr an Nutzer als *WoW*, es macht in Folge dessen auch noch viel süchtiger – also noch viel besser. Die knuddeligen und farbenfrohen Spielelemente rund um die Gestaltung seines eigenen Bauernhofes strahlen also eine noch viel mächtigere Begeisterung aus, als sie von *WoW* ausgeht, und jemals ausgehen wird. Ich frage mich an dieser Stelle nur: Ist *Farmville* also um ein Vielfaches qualitativ besser als *World of Warcraft*?

Sie sehen: der Suchtfaktor und die Spieleranzahl ist also keinesfalls 1:1 auf die Qualität eines Spieles zu übertragen. Die Spiele-Industrie ist in dieser Hinsicht raffinierter als je zuvor.

Eine solche Raffinesse zeichnet sich aber vor allem durch eines aus, nämlich durch den Erlang finanzieller Erfolge und das mit allen Mitteln und zu jedem Preis.

Der Aufbau einer zweiten Realität, einer Realität in der es für alle Probleme einen Ausweg per Mausklick gibt und man ein virtuelles Imperium – ob nun in Form eines einzelnen Charakters oder dem Errichten eines Bauernhofes – aufbaut, kaschiert diese bewusste Böswilligkeit. Heute ist es mit exzessivem viralem Marketing und einem psychologisch geschickt gespickten endlosen Spielgeplänkel möglich, massenweise Gamerherzen höher schlagen zu lassen, welche sich wiederum am finanziellen Erfolg widerspiegeln. Und hier ist bei weitem nicht mehr die Rede von »ein paar mehr Spielern« gegenüber anspruchsvollen Singleplayer-Spielen. Ob der Florist im Garten, der Doktor im Spital oder eben der Farmer am Bauernhof – mit einfachsten Mitteln, angefangen von bunten, lustigen Spielgrafiken, bis hin zur Bewusstseinsübermittlung mit jeder Spielminute besser zu werden, wird einer nach dem anderen auf die Werbebanner klickenden Internetsurfer ins Spiel geführt.

Auf den Punkt gebracht: Wer all diese Dinge vor seinem inneren Auge listet, kann und darf einfach nicht mehr so naiv sein, Sucht als Qualitätsmerkmal anzusehen. Spaß wird von vielen in unserer Welt geschaffenen Dingen vermittelt. Lassen Sie dabei aber nie außer Acht, welchen Preis dieser Spaß in sich birgt!

Persistente, gefühlskalte Welt

»*WoW* ist doch sinnlos, bringt ja alles nichts!«, meinen Kritiker.

Aber ganz ehrlich, welches Spiel – welches auf Unterhaltung getrimmte Spiel – bringt einem im wahren Leben überhaupt irgendwie weiter? Ist es ein Egoshooter, in dem man mit dem perfekten Headshoot grüne 100 Punkte plus erhascht oder man den Grausamkeiten des zweiten Weltkrieges hautnah beiwohnen darf? Nicht unbedingt! Vielleicht bringt ja das Nachspielen der Fußballweltmeisterschaft, in dem das runde Polygonwunder durch gekonntes Einhämmern auf Controller oder Keyboard ins Eckige befördert werden muss, die Erleuchtung? Auch nicht wirklich! Oder ist es dann doch eine andere, durch Springen, Ducken, Schießen, Klettern, Tauchen, Fliegen oder sonstigen virtuellen Aktivitäten ans Ziel führende Spielsystematik? Nichts von alledem! Ja, man trainiert vielleicht seine Fingerfertigkeiten und verbessert womöglich ein wenig seine Reaktionszeit, jedoch werden diese Belanglosigkeiten ohnehin durch homogene Gehirnmanipulation wieder zunichte gemacht. Also nüchtern betrachtet, und da muss man dem eindringlichen, dauernden Rat der Erwachsenen schon recht geben, agiert man als Zocker in einer »Verblödungsschmiede«. Aber das ist eben Unterhaltung!

Als persistente, also dauerhaft beständige Welt, ist *World of Warcraft* ein Konstrukt endlosen Tuns. Es gibt nie einen Punkt an dem man sagen kann: »Jetzt habe ich alles erreicht!« – also in Bezug auf die Achievements. Jedenfalls für den Durchschnittsspieler nicht. Auch nicht wirklich für routinierte Dauerzocker. Die Schlagzeilen, dass jemand alles im Spiel zu Erreichende auch erreicht hat, also *WoW* quasi »durchgespielt« hat, verhalten sich von deren Häufigkeit in etwa so, wie zu den durch das Spiel beklagenden Todesfällen. Oder gibt es dann doch mehr Tote? Wahrscheinlich sind diese von uns gegangenen armen Teufel knapp an diesem Ziel vorbeigeschossen. Fast hätten sie alle Errungenschaften in goldener Farbe im Logbuch eintragen können. Wären da nicht diese unsinnigen Grundbedürfnisse nach Nahrung, Schlaf und vollends dem Atmen.

Hier als Warnhinweis: Nur weil es im Spiel nicht unbedingt von Nöten ist Nahrung aufzunehmen oder zu schlafen, ist das nicht auf das wahre Leben zu übertragen!

Ja, so grausam diese Worte erscheinen mögen, aber anscheinend muss man das wirklich genau so formulieren. Wie sonst kann es sein, dass ein Computerspiel jemanden in den Tod treibt?

Als ein solches, nicht nutzbringendes Computerspiel, rangiert sich *WoW* zu unzähligen anderer solcher Kumpanen. Findet man nicht gerade die Worte tüfteln, denken oder lernen auf den Kartonverpackungen der meist müden, unprofessionellen Umsetzungen solcher Lerncomputerspiele, sind die meisten Produkte eben ins Unterhaltungssegment einzuordnen und dienen auch als ein solches Medium des Vergnügens. Findet dieses Vergnügen aber kein Ende, führt also zu keinem abschließenden Ziel, hält es einen endlos lange an der Stange. Erst recht, wenn der Inhalt weiter gepuscht und zunehmend umfangreicher und weitläufiger gemacht wird. Das »The End«, wenngleich dieses auch nur indirekt existiert, wird also vor sich hergeschoben.

Tetris, *Pong* oder *Pac-Man*, alles endlose Spielsystematiken. Mit diesen Beispielen bot man mir die Stirn. »Haben diese Spiele denn ein Ende – ein Ziel?« Meine Antwort? Nein! Nein, haben sie genauso wenig! Der einzige, aber elementare Unterschied ist, sie werden nicht vorangeführt, beziehungsweise werden nach einer gewissen Zeit einfach langweilig. Denn seien wir uns ehrlich, jedes noch so geniale Spielvergnügen findet nach einer gewissen Zeit sein Ende. Sei es *Risiko*, *Monopoly* oder einfach nur *Tetris*. Nach einer Weile sieht man sich einfach satt und legt es beiseite. Jedenfalls war dem früher so. Heute führt man Achievements ein, die einen bis zum Morgengrauen vom Beenden-Button fern halten sollen. Und *WoW* krönt sich hier unter anderen ganz klar zur Spitze! Und während einem die einen Errungenschaften schon alleine beim Erkunden neuer Gebiete und Erreichen von Level-Dekaden gutgeschrieben werden, verlangen einem andere stundenlanges, nein tagelanges, nein wochenlanges, nein monatelanges Schuften ab.

Im Nachhinein trauere ich der Zeit nach, die ich beim Angeln nach dem *Alten Fuchs* verschwendet habe. Ein heißbegehrter Fang! Dazumal im Spiel war es eben eine »Notwendigkeit«, über die man sich keine Gedanken gemacht hat, auch wenn man einmal einige Stunden aufs Zucken des Schwimmers wartete. Alles egal, ja, sogar irgendwie anregend – heute unfassbar!

Viele meinen dann unbedacht: »Du musst diese Achievements doch nicht erfüllen!« Ja, klar muss ich die nicht erfüllen, aber die Mehrheit der Computerspieler muss eben doch alles im Spiel erreichen. Auf genau diesen Drang zielen solche Errungenschaften doch ab. Und auch wenn mir, meinem Nachbarn und dessen Nachbarn das womöglich bewusst ist, den Millionen anderen Nachbarn eben nicht.

Und hier setzt die Spieleindustrie an! Mittlerweile schmücken solche Achievements ja sogar schon jedes zweite Online-Minigame. Aber anders ist es auch gar nicht mehr möglich, die Spieler vor den Bildschirmen zu halten. Und das ist eben nun einmal Ziel der Entwickler.

Meine Gesprächspartner meist verdutzt: »Eine Entwicklung ist deiner Ansicht nach also schlecht, wenn sie einen endlos lange begeistern kann?« – ist es doch das konkrete Gegenteil, dem engstirnig betrachtet Tadel anzukreiden ist. Nun, man sollte das auch von einer anderen Seite betrachten. Eine Entwicklung wirft eben einen bitterkalten düsteren Schatten, wenn sie ihre einfältigen Spieler mit unsichtbaren Ketten an die Bildschirme fesselt. Und das ist nicht übler formuliert, als es in Wahrheit ist – ob Sie das nun glauben, oder nicht!

Anders, was sehe ich denn als Glanzkonzept, als Richtwert einer Spielentwicklung? Ganz einfach! Ein Computerspiel soll mich in jeder Sekunde fesseln! Ja, gar mitreißen – wie ein spannender Film im Kino! Oder anders gesagt, es soll mich entertainen! Danach soll ich mich aber umdrehen können, mich ins »wahre Leben« zurückstürzen und laut verkündend rufen: »Das war der Hammer!« Ein kurzweiliges spannendes Abenteuer folgt so dem nächsten, zwischendurch unterhalten interessante Spielgimmicks á la *Tetris*, die dann ruhig auch einmal etwas süchtig machen können. Ja, so wünsche ich mir, sollten die Chroniken zukünftiger Computerspiele niedergeschrieben werden.

Was aber passiert stattdessen? Der Steinmetz wetzt seinen Meißel, holt mit seinem größten Hammer weit aus und beginnt in harten spröden Stein zu schreiben: Herzzerreißende Gefühlspassagen? Unwichtig! Knieschlotternde Schrecksekunden? Irrelevant! Augenaufreißende, actionreiche Explosionen? Unbedeutend! Der Steinmetz holt nochmals tief Luft und schwingt sein Arbeitsgerät in die Lüfte. Langzeiterfolg als Primärziel? Exakt! Finanzielle Erträge in Milliardenhöhe? Na, sicher! Prozessoptimierte Entwicklerstudios? Ganz genau! Danach legt er Hammer und Meißel beiseite und wartet darauf, bis er auch noch die letzten Züge qualitativ hochwertiger Entwicklungen vergessen darf.

Jemandem, der sich mit Videos auf *YouTube* einen Namen machen möchte rät man, selbst Lust und Freude an einem solchen Vorhaben mitzubringen und sich nicht mit dem Ziel nach finanziellem Erfolg vor die Kamera zu stellen. Genau dieser Grundgedanke ist Basis für unterhaltende und erfolgreiche Ergebnisse. Kurzweiliges Entertainment, soll – und muss! – über finanziellem Langzeiterfolg stehen. Ansonsten gehören Meisterwerke wie sie einst durch Meilensteine wie *Half Life* geboten wurden, bald der Vergangenheit an. Durch den enormen Erfolg von MMOGs und all den direkt und indirekt damit verbunden Instrumenten den Spielern Bares zu entlocken, sehe ich jedoch keiner rosigen Zukunft entgegen. Alleine deshalb, weil sich viele mit solchen Spielen in einen Rausch von Lügen begeben und munter der Meinung sind, alles sei in bester Ordnung und die Axt von *Zul'Wasweisich*, zeigt von 1A-Spielequalität.

Aber betrachten wir ruhig die Spielelemente, die richtig gute Computerspiele auszeichnen und in Folge dessen ja auch in *World of Warcraft* zuhauf gefunden werden müssten. Wie ist das zum Beispiel mit Gefühlen? Gibt es da auch packende emotionale Rauf-und-runter-Momente oder sonstige gefühlsstarke Eindrücke? Nicht, dass ich wüsste. Emotional wird es da höchstens einmal, wenn jemand einen Gruppenwipe verursacht und sich alle über dessen Unfähigkeit beschweren.

Einem *WoW*-Spieler ist das ja nicht einmal bewusst. Meist wird neben dem Questen, dem Raiden oder dem Tümpeln ja ohnehin gegessen, gechattet oder – mein Favorit – ferngesehen. *WoW* begründet sich nicht durch irgendwelche speziellen gefühlsbewegenden Spielelemente. Kann es ja auch gar nicht! *WoW* wird eben einfach gespielt, weil es – wie war das noch einmal? – ach ja genau, Spaß macht!

So etwas wie Gefühle sucht man da vergebens. Gefühle sind aber auch gar nicht von Nöten. Die, die spielen stapfen ohnehin gedanken- und gefühllos durch den Schnee, welcher sich im Wesentlichen dadurch von anderem Terrain unterscheidet, dass er nicht von grün, sondern eben weiß angestrichenen Bodentexturen erkannt wird, rennen emotionslos zum nächsten Wegepunkt der trottelig herumirrenden Ausgeburt eines Bären-Vogel-Nashorn-Verschnitts, schlagen kaltblütig mit Axt und Schwert gen Kopf der Kreatur, beuten das Getier schamlos bis zum Eingeweide aus und beginnen den Akt erneut. So lange bis sie 20 herausgerissene Herzen beim anscheinend vollkommen sadistisch veranlagten »Freund von nebenan« abliefern können. Sogleich packt das menschenähnliche Schwein die noch warmen Innereien in seine Tasche, die da drinnen in eine Art Wurmloch zu verschwinden scheinen. Da tut sich die Frage auf, ob die Questgeber womöglich alle die Portal-Technologie beherrschen. Aber was zum Teufel macht dieser perverse Mistkerl mit so vielen Herzen? Eintopf? Wenn ja, warum steht dieses

Ungetüm dann immer noch 24 Stunden am Stück, Tag für Tag am gleichen Fleck? Wo ist die Küche und wo der Eintopf? Und warum sammelt es die Herzen als wären es Briefmarken?

Nun, ich muss Sie enttäuschen! Sie, die womöglich eine Antwort auf all diese Fragen erwartet hätten, ja, sich gar einen Sinn erhofften! Eigentlich hat das Ganze nämlich gar nichts mit Eintopf zu tun. Zwar war das womöglich dem wirren Gebabbel, das einem der Sadist anfangs in textlicher Form auf den Bildschirm geklatscht hatte zu entnehmen, aber der Wahrheitsgehalt seiner Worte geht gegen null. Weder extrahiert er die ach so wichtigen Drüsenschlieren für seinen kraftspendenden Eintopf, noch gibt er sich sonst irgendeiner Regung hin. Nichts! Stattdessen wird lediglich das Erfahrungspunktekonto des Leichenschänders aufgebessert, der mit seinen noch blutbefleckten Händen um eine weitere solch tolle Aufgabe bettelt.

Das Aufscheuchen, Hetzen und Morden, welcher Geschöpfe nun auch immer, führt also weder zu einer geistigen Interaktion mit dem Spiel, noch zu einer emotionalen Bewusstseineinwirkung – jedenfalls keiner positiven. Oder anders ausgedrückt: Die Bedeutungslosigkeit des eigenen Tuns, lässt jenes zum Mittel des Zweckes heranwachsen. Wie man in der realen Welt also arbeitet um Geld zu verdienen, vollführt man in der Fantasiewelt von *World of Warcraft* eben Quests und erlegt Monster, um an Erfahrungspunkte zu kommen. Also eigentlich ganz so wie in der Realität – ganz so wie Arbeit.

Nein, man muss für solche Quests natürlich nicht immer zum seelenlosen, kaltblütigen Killer mutieren, aber durch die stumpfe Atmosphäre, die mit Spielminute zu Spielminute eindringlicher wird, ist es nach einer gewissen Zeit ohnehin egal, ob man nun Feindgebiet erkunden, Besorgungen erledigen, Feuer löschen oder nach Perlen tauchen soll. Jegliche Emotion wird von einem Mischmasch aus stumpfsinnigem Herumgerenne, sinnlosem Töten, und unspektakulärem Unterhaltungsgeplänkel begraben. Schnell ist der Bezug zu dem was man tut völlig verloren. Das Morden wird zur Klickorgie, während die schlecht animierten Blutspritzer des chancenlos unterlegenen Antagonisten unter einem Feuerwerk bunter Zahlen verschwinden. Während man sich am fliegenden Untersatz vom einen Questknoten zum anderen begibt, spielt man eines dieser urigen Minispiele, liest am zweiten PC-Bildschirm News zu *WoW* oder verlegt kurzzeitig etwas mehr Konzentration auf das Fernsehprogramm. Unterdessen gleitet man über einen üblen Schurken hinweg, der gerade dabei ist, seine unerklärlichen Lüste nach kleinen schwachen Fraktionskontrahenten zu stillen. Mit getrübtem Blick, wie durch eine verschmierte Scheibe, starrt man schlussendlich auf diesen sinnlosen, unerklärbaren Wirrwarr. Nicht entschlüsselbar, nicht klar darzustellen, ist es schwer – ja gar unmöglich – zu verstehen, warum *World of Warcraft* eigentlich so erfolgreich ist. Es soll eben das gewisse Etwas haben, welches all den anderen Spielen und insbesondere MMOGs anscheinend fehlt, wie die Fanboys im Gehirn-Off-Modus um sich werfen. Doch so sehr man auch versucht, diesem »Etwas« auf die Schliche zu kommen, so sehr man versucht die Scheibe klar zu wischen, den Wirrwarr zu entwirren, das Antlitz *WoW´s* bleibt in den dunklen Katakomben *Blizzards* verschollen.

Und wie sich der Druide in eine schurkische Katze verwandelt, und der Schamane in einen hurtigen Geisterwolf, wandelt sich der Katzen- und Geisterwolfregent vor dem Bildschirm zum gefühlskalten, interessenlosen Abhängigen. Er verliert sich im endlosen Spielgeplänkel, welches ihm vorgaukelt, die reale Welt und alle notwendigen Skills um in ihr zu bestehen, seien unwichtig. Aber sind sie ja auch! Der Scharfsinn jener, die den Prozess des »auf WC gehen« bereits soweit optimiert haben, dass sie dafür nicht einmal mehr aufstehen müssen, übersteigt unser aller Weisheit bei weitem. Diese Windelträger – kein Witz – stehen ganz klar über solch sozial-gesellschaftlichen Belanglosigkeiten wie Partnerschaften, Berufskarriere oder eben Körperhygiene. Aber was, wenn die Windeln vollgeschissen, Freundschaften abgerissen, Jobs weggeschmissen und das Leben niedergerissen ist? Was dann? Ja, was dann?

Walhall

Mit pompös anmutender Manier, werfen einem die Wächter der Horde dieses Wörtchen entgegen. Wahre Kriegskünstler, diese Wachhunde! Voller Pracht präsentieren sie ihr zerfetztes Gewand und ihre blutverschmierten Äxte. Ehrfürchtig! Am liebsten würde man sich gleich selbst als ein solcher Wächter in die Behausung des Hordenführers *Thrall* stellen und den Ruheort der ehrenvoll gefallenen *Einherjer* als Pendant zur prunkvollen Festung herannahenden Mitspielern entgegenrufen. »Walhall!« und die *Thrall*-Besucher würden knieschlotternd um Einlass ersuchen.

Ruhm und Ehre, zwei tragende Begriffe in *World of Warcraft*. Die Welt der Kriegskunst! Haben sie Teil an dieser Welt und werden Sie Kriegskünstler, heißt es da. Fragt Sie dann jemand: »Angestellter oder Arbeiter?«, antworten Sie lächelnd: »Kriegskünstler!« Verlockend, nicht wahr?

Bis dorthin ist es aber ein steiniger Weg. Die Anerkennung einer Fraktion sei erst einmal verdient. Das geht nicht so von heute auf morgen. »Aber der Tag hat doch 24 Stunden!« Pardon, stimmt ja. Ich vergesse immer wieder, welche Zeithorizonte für *WoW*-Spielsessions gelten.

Aber ernsthaft, da muss man schon mal ziemlich heftig schuften. Doch zum Glück hat *Blizzard* hier ein ganz tolles System integriert. Kämpfst du um den Respekt einer gewissen Fraktion – ganz so wie in Straßengangs – kannst du Ihnen für gewisse Aufgaben zur Hand gehen, die dir eine immer höhere Wertschätzung einbringen. Wie man dann für die Jungs einer Straßengang Leute verprügelt und Fensterscheiben zerdeppert, verprügelt und zerdeppert man in *WoW* eben virtuelle Bits und

Bytes.

Aber auch hier wieder der Warnhinweis: Wenn Du im Spiel einem Gefecht erliegst, läufst Du als Geist zu Deinem Leichnam zurück. In Wirklichkeit funktioniert das nicht!

Ob nun in der *Boreanischen Tundra*, in der *Drachenöde* oder im *Sholazarbecken*, die sogenannten Rufquests findet man so gut wie in jedem Gebiet. Im zweiten Erweiterungspack *Wrath of the Lichking* wurde nicht gerade gespart mit solchen täglichen, die Reputation erhöhenden Aufgaben. Dabei hält man sich an die Rufstufen und ackert sich von *Neutral* auf *Freundlich*, von *Freundlich* auf *Wohlwollend*, von *Wohlwollend* auf *Respektvoll*, und von *Respektvoll* schlussendlich zur krönenden höchsten Stufe *Ehrfürchtig*. Für die, die es nicht wissen, das hört sich nicht nur so aufwändig an! Das erinnert mich an eine Fraktion, die ich tagtäglich mit meinem Flugreittier besucht habe. *Die Söhne Hodirs*! Mehrere Quests, die es täglich mit dutzend anderen ständig in dieser Gegend herumirrenden Spielern zu bewältigen gab. Immer und immer wieder! Mit dessen Vollführung stieg deren Achtung vor mir. Also ich meine vor meinem Char, also meinem Charakter, ach egal. Alle Aufgaben annehmen, eine Stunde in der Gegend herumirren um zu sammeln und zu jagen, dann alle vollendeten Aufgaben abgeben. Schon war es zu lesen: Euer Ruf bei der Fraktion *Die Söhne Hodirs* hat sich um 250 verbessert. Gleich mehrere Male! Für manche Quests gab es sogar noch mehr zu holen. Bewundernswert, nicht wahr? Oder sollte man besser sagen, bedauernswert?

Mehrere dutzend Male bewältigt ist es dann geschafft, man ist ehrfürchtiges Mitglied der Fraktion und wird nun mit exklusiven Angeboten belohnt, die nur ganz besonders fleißigen

Bienchen zuteilwerden. Und das nach nur einem Monat! Gut, ich hätte natürlich auch ein Monat lang jeden Tag eine Stunde Spanisch lernen können, aber wer braucht das schon? Ich, als ehrfürchtiges Mitglied der *Söhne Hodirs*, bestimmt nicht!

Ernsthaft! Warum macht man das eigentlich, interessieren sich die meisten ja ohnehin nicht wirklich für irgendwelche besonderen Gegenstände, die man dann gegen Bares eintauschen könnte. »Man will eben überall ehrfürchtig sein!«, meinen diese dann. Für mich stellt sich da nur eine Frage: Warum um Himmels Willen will man das?

Aber ist doch klar! Einen wahren Kriegskünstler kennt man auch in der Ferne. Sein Name muss in die maroden Stämme der Festungsmauern eingeritzt sein. Sein Ruf eilt ihm noch bevor er in eine Stadt eintrifft mit den ehrerbietigen Worten »Er kommt!« voraus. Gehen die Kleinen zu Bett, erzählt man ihnen die Geschichten jener Ehrenmänner, während sich ein eisiger Hauch über die Kinderzimmer legt. Ist doch klar, oder etwa nicht?

Aber was wäre all dieser Ruhm und all diese Ehre, könne man sie nicht mit Freunden teilen. Aber keine Angst, auch die gesellen sich in einer eigens dafür vorgesehenen Liste mit der Zeit zu ihnen – in der Freundesliste. Ja, man braucht wahrlich eine Liste, um über all die vielen tollen Freunde überhaupt den Überblick zu behalten.

386 Freunde – auf *Facebook* keine Seltenheit. »Wie viele Freunde ich habe? Mehrere Hundert!«, wirft der eine oder andere da schon einmal prahlend um sich. Dass diese Prahler den Großteil dieser »Freunde« keine paar Tage im Monat zu Gesicht bekommen, wird da gerne einmal verschwiegen. Oder ist das

noch untertrieben? Einigen wir uns eben darauf, von *Facebook*-Freunden zu sprechen. Also 386 *Facebook*-Freunde! Und so ähnlich verhält sich das eben in *WoW*. Mit der Zeit sammeln sich da auch gut und gerne einmal einige dutzend Freunde an. Also *WoW*-Freunde!

Kurios dabei ist, wie wichtig einem *WoW*-Spieler diese Freunde sind. Meist noch nie zu Gesicht bekommen, haben diese Freunde einen Stellenwert, der dem der Freunde im *Real Life* gleicht, oder diesen sogar übersteigt. Angsteinflößend, nicht wahr? Nicht wahr, verehrter *WoW*-Spieler?

Um mir aber selbst ein Bild davon zu machen, habe ich es eines Tages riskiert, mich ins TS eines guten Freundes – ein beherzter *WoW*-Spieler – einzuloggen, und alle mit einem wiederholten »Hallo Freunde!« dezent belästigt. Als Peter – so sein Name – vom zuvor aufgesuchten WC zurückkam und das vernahm, warf er mir plötzlich einen Blick zu, der mehr als tausend Worte sagte. Im Geiste – so schien es – stürzte er sich auf mich, riss mich vom Mikrofon weg und verzierte sein geistiges Treiben mit verbalen Unflätigkeiten. »Bitte vielmals um Entschuldigung« und einige weitere Verzeihungsbitten später, verblichen seine imaginären Untaten dann auch wieder. Aber vergessen werde ich dies nie! Man fühlt sich als *Real-Life*-Freund plötzlich irgendwie unwichtiger als die *WoW*-Freunde. Womöglich deshalb, weil man wirklich unwichtiger ist?

Ob nun Fake oder nicht, unzählige Videos zeigen einmal humorvoll, ein anderes Mal ernsthafter, wie Aggressionen der *WoW*-Spieler gegen Widersacher ausarten können. Da wird ein Account gelöscht und schon rastet der Arme – arm hier mehrdeutig – völlig aus. Er gerät in Raserei, so wie manche Biester das im Spiel tun, schlägt mit der Faust den LCD tot, wirft Maus und Tastatur durchs geschlossene Fenster und finalisiert seinen Akt mit einem beherzten Tritt gegen den PC. Man ist sich als Betrachter solcher Clips dabei nicht immer sicher ob man denn jetzt lachen oder eher weinen sollte.

Anders als bei den Herausforderungen in der Realität, gibt es in *World of Warcraft* immer einen Weg. Also einen Weg zur Beseitigung von Problemen, Lösen von Aufgaben, Bezwingen von Gegnern. Nebenbei sei erwähnt, dass dieser Weg meist ohne jegliches Risiko zu bestreiten ist. Hapert es am Versuch einen starken Gegner zu besiegen, eine schwierige Quest zu vollführen oder am Sprung über eine Klippe. Es gibt immer noch einen zweiten Versuch. Und einen dritten, einen vierten und…

Im wahren Leben dagegen kann der Versuch einen Konkurrenten aus dem Feld zu drängen ein einmaliges Risiko sein. Überschätzt man sich bei einer heiklen Aufgabe, kann das ebenfalls ins Auge gehen. Und vom Sprung über eine Klippe brauchen wir erst gar nicht reden.

Der Reiz am Spiel entfacht sich dadurch noch stärker und übertrifft alles im realen Leben Mögliche. Ohne Risiko, an großen Erfolg zu kommen. Wunderbar, nicht wahr? Die Erfolgspunkte rasseln nur so nieder und Mann und Frau werden emotional beglückt. Dass all die besiegten Monster, all die vollführten Aufgaben und all die Sprünge über Klippen eben nur im Spiel etwas zählen und in keiner Weise mit der wahren Realität in Verbindung stehen, ist ein gerne unbeachtetes Faktum. Erspielter Ruhm und angeeignete Ehre, zwei Dinge, die sich plötzlich in herabfallende Steine wandeln können. Die Frage, die sich dabei stellt: Wie lange können Sie diesen herabfallenden Steinen ausweichen, ohne von einem solchen erschlagen zu werden?

War die weibliche Drachin *Onyxia* mit Patch 1.1 ein ehrerbietiger Hauptboss, hat die alte Lady mit der Zeit an Glorie verloren. Während die einen in Erinnerung schwelgen mit welch ausgefeilten Taktiken 40 Top-Mannen *Onyxia* zu Grabe trugen, belächelte das vor kurzem jemand und meinte: »*Onyxia*? Ja, die habe ich mit meiner 80er Schamanin letztes Wochenende alleine kalt gemacht!« Vergänglichkeit, nennt man das!

Was in *WoW* heute etwas Besonderes ist, kann morgen bereits etwas Unbedeutendes sein. Ja, es dürfte jedem bewusst sein, dass das bei einem stets vorangetriebenem Handlungsstrang auch nicht viel anders möglich ist, aber es ist ebenfalls ein Aspekt, welchen viele Spieler unbedacht außer Acht lassen. Sie bemerken dadurch gar nicht, dass sie hinter etwas herlaufen, das im Grunde bis zum Erreichen meist gar nicht mehr existiert. Das kennt man aus Filmen, in denen man einen an einem Angelhaken befestigten Geldschein sieht, der jemanden immer wieder vor der Nase weggezogen wird. Da macht man sich über die Dümmlinge, die dem Geldschein über eine Weile hinweg nachtrotteln, lustig, selbst geht man monatelang – oder gar jahrelang – aber keiner zielführenderen Beschäftigung nach. Durch das Voranschreiten der Geschichte ändern sich auch die Anforderungen an die Spieler. So sind Best-in-Slot-Listen nur so lange aktuell, wie *Blizzard* für die Einführung erweiternder Spielelemente benötigt. Und genauso verhält sich das mit dem Spielerlevel, den erlernten Berufen und vor allem den Achievements, welche mit der Zeit größtenteils auch stets an Bedeutung verlieren.

Alteingesessene Urväter, die seit Anbeginn am *WoW*-Vergnügen teilhatten, schimpfen über die Leichtigkeit mit welcher Instanzen heute durchwandert werden können. Für viele Spieler – also ehemaliger Spieler – war dies bereits ein Grund, ihre Accounts auf Eis zu legen. »*World of Warcraft* wird zum 0815-Casual-Game!«, kreiden die Profis, beziehungsweise die, die sich als solche bezeichnen der fortwährenden Spielerweiterung an, um im Fachjargon zu sagen, dass das Spiel immer einfacher wird. Ob dem wirklich so ist, möchte ich an dieser Stelle jedem selbst überlassen. Ich möchte das Ganze aber etwas tiefgründiger beleuchten, um Ihnen den Grund für einen solchen Entwicklungsweg näherzubringen.

Laut einer Analyse des amerikanischen Marketingforschungsunternehmens *Nielsen*, weisen Casual Games ein weit höheres »Recurring Play«, also wiederholtes Spielen auf, wie Non-Casual-Games à la *World of Warcraft*, mit welchem Spiele wie *Microsofts Solitär* verglichen wurden. Einleuchtend wie ich finde – so haben auch die ganzen auf unserem blauen Planeten beheimateten »Dummbatzen« etwas zu spielen. Und um das geht es doch, oder etwa nicht?

Eine durchgehende Reihe quadratischer vom Himmel fallender Blöcke oder vier nacheinander gereihte Scheiben der gleichen Farbe zu erspielen sind beides Aufgaben, zweier der bekanntesten Casual Games. Schwierig? Nicht unbedingt. Stannen, tanken, buffen, casten, critten, hitten, reggen und rezzen, um nur einige wenige der Aufgaben bei Bosskämpfen in *WoW* anzuführen. Schwierig? Zumindest nichts für Ich-will nicht-denken-nur-schießen-Typen. Und glauben Sie mir, davon gibt es bei weitem mehr, als taktische Koryphäen mit hohen Ansprüchen an inhaltlich elitärem Gameplay.

Die Entwicklung zum Casual Game – in welcher Ausprägung nun auch immer – ist also eine bedingte Notwendigkeit, um die Zielgruppen zu erweitern und folglich den finanziellen Erfolg noch stärker in die Höhe zu treiben. Die Spieler, die eine solche Entwicklung für schlecht befinden, bleiben eben auf der Strecke. Auf einen Verlorenen, kommen gut zehn neu Dazugewonnene! Nein, keine Ahnung wie genau sich die Anspruchsvollen zu den Anspruchslosen – oder eben die Anspruchsvolleren zu den Anspruchsloseren – verhalten; auf jeden Fall bemerkt man aber, dass lediglich Gewinn und Verlust über einen Großteil grundlegender Spielsystematiken und deren Implementierung, beziehungsweise genaue Ausführung entscheiden. Und mit genau jenen Vorgaben nimmt man die Entwickler an die Leine und zerrt sie wie Hunde von der »falschen Fährte« weg. Und während die Hunde, pardon, die Entwickler in die eine Richtung wollen, wollen Herrchen und Frauchen, entschuldigen Sie, Unternehmensführung, in eine andere. Und der Zügelführer gibt nun einmal den Ton an. Leider! Und da glaube ich, spreche ich im Namen aller vierbeinigen Wauwaus und aller angeketteten Entwickler.

Hinzu kommt, dass frisch gepatchte Spielinhalte meist im Laufe der Zeit noch nachgebessert werden. So werden beispielsweise übermächtige Mobs vor Bossgegnern, an denen sich Spieler Tage zuvor die Zähne ausgebissen hatten, einfach einmal stärketechnisch nach unten geregelt. Während dann vor dieser Maßnahme 20 Minuten mit der Bekämpfung dieser Widersacher ins Land zogen, sind es danach nur noch wenige Minuten, bis die Sterbeanimation aufgerufen wird. Amüsant zu betrachten, wie ich finde. Ich für meinen Teil empfinde so etwas als ziemlich deprimierend. Als würde ich für die mir gestellten Aufgaben in meinem Job immer mehrere Tage benötigen, während mein Kollege am Tisch gegenüber einfach eine Woche später damit beginnt und nur noch einen Bruchteil der Zeit für Gleiches braucht.

Der eine oder andere mag jetzt entgegnen, dass sich das mit der Zeit gebessert hat. Durch die immer ausgiebiger angewandten Alphas, Betas und was weiß ich für Testphasen, hat es das auch. All jene, die es ganz besonders eilig haben in den »Genuss« spielerweiternder Inhalte zu kommen, fungieren dabei als Versuchskaninchen. So werden unter anderem die neuen Bosse von unzähligen *WoW*-Enthusiasten schon vorab auf Herz und Nieren getestet und mit deren Hilfe auf eine perfekte Abstimmung getrimmt. Durch das ganze »Herumgepatche« aber, haben Siege über mächtige Schlachtzugsgegner meist nur kurzweilig Jubelberechtigung. Ein Sieg über welchen Gegner auch immer, ist also bloß eine Frage der Zeit. Im realen Leben ist das immer etwas anders. Will man sich beispielsweise als Handballweltmeister küren, gehört schon einiges mehr dazu, als darauf zu warten, bis die anderen Anwärter auf den Pokal gen null gepacht wurden. Auch so eine Sache, die das Spiel noch anziehender macht und die Realität noch abstoßender.

Durch die ganzen Patches und Erweiterungen, währen so alle in das Unternehmen *World of Warcraft* investierten Mittel, ob physischer oder psychischer Natur, nicht allzu lange. Die viele Spielzeit, die die Charaktere innehaben, werden beim

Besitzer früher oder später leidende Gesichtszüge auslösen – ob nun von den finanziellen Einsätzen, der vor ihnen liegenden Gamecardverpackungen oder dem Nachtrauern der verlorenen Zeit. Aber sie kommen, ganz bestimmt! Da bleibt mir nur noch zu sagen:»Walhall!«

Die Automobilindustrie lässt grüßen!

Schon einmal mit einem Mechaniker über Autos gesprochen? Oder besser, schon einmal mit einem erfahrenen 60+ Mechaniker über Autos gesprochen? Ob die meisten dieser Autoschrauber bloß ihrem Frust freien Lauf lassen, wenn sie einmal wieder über die neumoderne Automobilindustrie herziehen, kann ich nicht genau sagen. Haben Sie aber erst einmal mit einem Mercedesliebhaber über dieses Thema debattiert, deuten dessen angespannte Gestik und Mimik aber auf begründete emotionale Erfahrungen hin. Sie verweisen dabei gerne auf deren in den heimischen Garagen beheimateten 20 Jahre alten Schmuckstücke, die heute noch genauso fahren wie dazumal.

Nein, ich bin kein solcher Liebhaber, Mechaniker oder habe sonst viel mit irgendwelchen solchen Blechkisten zu tun. Eines fällt mir als Laie aber dennoch auf. Die Gimmicks und Marketingnamen der Erzeugnisse steigen bis ins Unermessliche, während analog dazu die Verarbeitungsqualität in den Keller sinkt. War es Jahre nach Henry noch möglich, Kraftfahrzeuge zu bauen, die ein paar kleine Dellen und Schrammen davontrugen, wenn sie mit 100 Sachen gegen einen Baum gesetzt wurden – übertrieben gesprochen – muss man heute materialtechnisch jeden möglichen Cent einsparen, um dem Kunden kleinstmögliche Preise offerieren zu können. Denn nur so bringt man die Fabrikate auch an den Mann/die Frau.

Die Entwickler peitschen sich gegenseitig die Produkte wund, während heute Autos produziert werden, die alle paar hundert Kilometer in der Werkstatt stehen und eine Lebensdauer jenseits von Gut und Böse aufweisen. Geringere Stillstandszeiten, verbesserte Produktionsprozessplanung und bedarfssynchrone Fertigung stehen an vorderster Front. Alles dreht sich um finanzielle Erträge. Wie kann noch ertragreicher produziert werden, um Absätze noch weiter steigern zu können?

Was das alles mit Computerspielen auf sich hat? Nun, spätestens nach der Massenentlassung bei *EA Studios* in Los Angeles vor, während und nach den Arbeiten am finalen vierte Teil der *Command and Conquer* Saga rund um *Kanes* böse Machenschaften war klar, dass die Computerspiele-Industrie – in diesem Falle eines der größten Entwicklerstudios – ebenfalls vom Grundelement dieser Problematik betroffen ist. Greg Black war ehemaliger *C&C*-Entwickler und wusste in einem Interview interessante Details zu berichten: »*C&C 4* lag ursprünglich ein gänzlich anderes Konzept zu Grunde. Es sollte eigentlich eine Online-Version von *C&C 3* für den asiatischen Markt werden. Irgendwann entschied die Firma dann, dass es finanziell sinnvoller wäre, eine Singleplayer-Kampagne hinzuzufügen, es *C&C 4* zu nennen und in eine Box zu packen.« Und da will noch einmal jemand behaupten, dass der finanzielle Erfolg nicht über die Entwicklung selbst entscheidet. Freier Entwicklergeist, nicht wahr?

Das alleine wäre ja noch nicht das größte Übel – ist dieses Denken ja immer noch Grundmerkmal einer florierenden Firmenstruktur. Die viel größere Problematik ergibt sich durch die Mitbewerber, die Entwicklungen auf den Markt werfen mit denen Umsätze jenseits aller üblichen Grenzen verbucht werden. Der Standard finanzieller Erträge durch Computerspiele schnellt potentiell in die Höhe, was den Wettstreit in der Gamingbranche zum immer heikleren Coup werden lässt. Der

Entwicklungszyklus schrumpft auf unter ein Jahr zusammen. Vollpreisspiele mit dichten inhaltlichen Spielelementen sind nicht mehr profitabel und werden halbfertig auf den Markt geworfen oder erst gar nicht veröffentlicht, während man Schlagzeilen wie »5 Euro pro Stunde Spielspaß – Bedenklich nah am Nettostundenlohn« liest. *World of Warcraft* patcht sich beruhigt in Richtung einer noch größeren Zielgruppe und zischt mit tosendem Aufruhr den Marktbegleitern davon, die mit imitierten Billigkopien händeringend versuchen hinterherzukommen.

Gleichzeitig prognostizieren dutzende Marktforschungsunternehmen, dass der Markt der sogenannten »Social Games« in den folgenden Jahren um weitere 100% steigen wird. Einfachste Entwicklungen werden plötzlich noch erfolgreicher als sie es ohnehin schon sind und verdrängen geschickt jegliche Mitbewerber – ob diese qualitativ minderwertiger sind, oder nicht. Ja, »Social Games« beziehen heute noch einen eigenen Standpunkt in der Computerspiele-Industrie, da man mit ihnen meist nur Entwicklungen wie *Farmville* oder *Mafia Wars* in Verbindung bringt. Mit *Blizzards* jüngsten Machenschaften auf ein genau solches soziales Netzwerk zu setzen, bemerkt man aber schnell, dass es nur noch eine Frage der Zeit ist, bis die Computerspiele-Industrie völlig mit den Wörtchen »Social Games« verschmolzen ist. »Ja, wir entwickeln eine Social-Games-Plattform«, wie *Blizzard* ohne einen Hehl daraus zu machen, verlautbarte. Dass die zwei Grundideen »Real ID« und »*Facebook*-Integration« rasch von den Usern abgemahnt wurden, ist diesbezüglich nichts anderes als ein Tropfen auf den heißen Stein.

Was haben Spieleserien wie *Need for Speed*, *Fallout*, *Lego*,

Final Fantasy und *Star Wars* gemeinsam? Na? Nun, sie werden – oder wurden bereits – zum MMOG. *NetDevil* nennt seine Entwicklung *Lego Universe*, *Electronic Arts* betitelt sein Küken *Need for Speed World* und *Obsidian Entertainment* schlägt mit *Fallout Online* ein neues Kapitel auf. Ich weiß jetzt gar nicht, wie viele solch namhaften Beispiele noch in den Startlöchern stehen, aber eine eindeutigere Tendenz zu MMOGs kann es wohl nicht mehr geben. Es scheinen so ziemlich alle Hersteller und Publisher auf den Geschmack gekommen zu sein. Alle müssen sie plötzlich MMOGs zusammenschustern. Und was trifft sich da besser, als die bereits auf dem Markt etablierten Titel heranzuziehen? Sicher, warum auch nicht?

Das Ganze ist so ähnlich als würde man einem Kind lustige bunte Schlecker in der einen, langweiligen graugrünen Spinat in der anderen Hand anbieten. Wofür würde sich der Spross wohl entscheiden? Gut, dass der Spinat wohl gesünder wäre und Schlecker im Gegensatz die Zähne ruinieren können, kann man ja auch einmal außer Acht lassen – nicht so wichtig. In erster Linie geht es nun einmal darum, dass der Schlecker eben besser ist, als der eklige Spinat. Oder umgemünzt: In erster Linie geht es nun einmal darum, dass MMOGs eben profitabler sind, als die einfachen Singleplayer-Adventures. Hier natürlich gleich: Dass »nicht persistente« Spiele gleichzeitig bei weitem mehr fordern und ebenso bieten würden, und MMOGs im Gegensatz durch billige psychologische Tricks fesseln, kann man hierbei genauso einmal außer Acht lassen. Ganz einfach, nicht wahr?

Diese brutal ertragsorientierte Firmenphilosophie findet sich heute in jeder noch so versifften Gasse unserer wirtschaftlichen Großbaustellen. Tag für Tag werden neue gewinnoptimierende Systematiken ins Leben gerufen, die mit dem gewissen Feinschliff zu ertragssteigernden Ungeheuern heranwachsen. Der Einfältigkeit der gesellschaftlichen Masse zu Dank, ist es dann ein Leichtes, die Ungeheuer in adrette Schale zu werfen, verschnürt mit hübscher Schleife. Nur die wenigsten, nur die, die ganz genau hinschauen, sehen hinter der überschönen Maskerade die leuchtenden giftgrünen Augen des Ungetüms durchschillern. Doch wer macht sich schon die Mühe nach giftgrünen Augen zu suchen, wenn sich vor ihm doch so viel Pracht im grellen Licht der Euphorie rekelt?

An dieser Stelle sollte man wohl wieder mit untermauernden Beispielen aufwarten. Mit Beispielen, die mein herabwertendes Gedöns – auf welches viele Tölpel meine Worte unbedacht reduzieren werden – wieder etwas handfester gestalten würden. Doch möchte ich mich an dieser Stelle bewusst davon distanzieren, hier unnötig ausschweifend über irgendwelche Dinge herzuziehen, die ohnehin tagtäglich von unseren ach so geliebten frustschürenden Medien wiedergekäut werden.

Stattdessen wollen wir uns an dieser Stelle lieber einem kleinen, aber äußerst repräsentativen Rechenbeispiel widmen. Lassen wir die harten Fakten der Zahlen sprechen, während wir der eisernen Wahrheit möglicher finanzieller Ertragsdifferenzen, qualitativ vergleichbarer Computerspiele ins Auge blicken. Doch zuvor gilt es einen ebenbürtigen Kontrahenten zu finden. Einen qualitativ ebenbürtigen Gegner! Nun, den noch am ehesten geltenden Bezug zur Qualität eines Computerspiels finden wir in der *Metascore*. Die *Metascore* fasst die Kritiken renommierter Gamesportale aus aller Welt zu einer einheitlichen 0-100-Skala zusammen. Sie ist also ein Maß für die qualitative Einschätzung eines Computerspiels. Verdient wie ich meine, führt *Half Life 2* mittlerweile seit mehreren Jahren die Highscoreliste der PC-Spiele mit 96 Punkten an und ist somit als bestes Spiel zu bezeichnen – wenn man so will. Einige wenige Plätze darunter rangiert sich *World of Warcraft* mit satten 93 Punkten in die Top 100. Die durchschnittliche Erstveröffentlichung (Kompensation von Abweichungen der Erstveröffentlichung in den verschiedenen Ländern) lässt sich bei beiden Spielen auf das Jahr 2005 festlegen. Der Betrachtungszeitraum unserer Kalkulation beträgt somit 5 Jahre (2005-2010).

Um uns aber nicht im Zahlendschungel zu verlieren, überspringen wir erst einmal ein paar Rechenschritte, und holen gleich den fertigen Braten aus der Röhre, ganz so wie man das aus Kochshows kennt.

Wirft man die wenigen wagen Absatzvermutungen zu *Half Life 2* und dessen Erweiterungen auf einen Haufen, erhalten wir die Summe von 10,9 Millionen verkaufter Ladenversionen. Jongliert man nun ein wenig mit den Zahlen und rundet großzügig auf, um die Dunkelziffern, die sich aufgrund von Ungenauigkeiten seitens *Valve* bezüglich Multiplattformtitel (Konsolenports) und deren hauseigenen Online-Vertriebsplattform *Steam* ergeben, auszugleichen, erhält man eine Verkaufszahl von 15 Millionen Stück. Bei einem geschätzten durchschnittlichen Verkaufswert von 15 Euro pro Einheit, ergibt sich ein Umsatzerfolg von 225 Millionen Euro. Notieren bitte!

Seitens *Blizzards World of Warcraft* sieht das folgendermaßen aus: Die Verkaufszahlen des Grundspiels *World of Warcraft* belaufen sich auf 11,84 Millionen, das erste Erweiterungspack

The Burning Crusade zählt 6,42 Millionen Verkaufe und *Wrath of the Lichking* schlägt bis 2010 mit 5,24 Millionen verkaufter Exemplare zu Buche. Summiert ergibt das 23,5 Millionen verkaufte Exemplare des Grundspiels, plus der beiden Erweiterungen.

Um es aber nicht weiter spannend zu machen, ergibt das bei einem minder geschätzten Verkaufswert von 10 Euro pro Einheit, einen Umsatz von 235 Millionen Euro.

Schenkt man den Zahlen im Internet Glauben, erwirtschaftet *World of Warcraft* knappe 127 Millionen Euro pro Monat, ohne den chinesischen Markt und die zusätzlichen zahlungspflichtigen Services mitzuzählen. Ergebe im Minimum einen monatlichen Umsatzzugewinn von 130 Millionen Euro. Da diese Zahl den aktuellen Stand widerspiegelt, erhält man durch interpolieren – ausgehend von einer nichtpotentiellen Steigerung der Spieleranzahl – zwischen null Spielern im Jahr 2005 und 12 Millionen aktiver Spieler 2010, einen durchschnittlichen Monatsumsatz von 65 Millionen Euro. Mal zwölf Monate, mal fünf Jahre, ergibt das die beträchtliche Summe von 3,9 Milliarden Euro Umsatz. Lässt man die Ungereimtheiten dieser Kalkulation aber erst einmal beiseite, erschließen sich hier Einnahmedifferenzen in unfassbar starker Ausprägung. Im Zeitraum von 2005 bis 2010 erwirtschaftete (ohne Werbeeinnahmen oder sonstigen zusätzlichen Einnahmequellen) *Valve* mit deren königlichen Titel *Half Life 2* stolze 225 Millionen Euro, während *Blizzards* Meisterwerk in der gleichen Zeit summa summarum, weit über 4 Milliarden Euro erzielte. Und da ist von *Cataclysm*, dem dritten Erweiterungspack für Ende 2010 noch gar nicht die Rede.

Wir sprechen hier also von einem simplen Rechenbeispiel, das jeder bei sich zuhause an der Hand nachrechnen kann und glasklar belegt, dass zwei qualitätsbezogen vergleichbare Spiele (ich entschuldige mich an dieser Stelle bei allen *Half Life*-Fans, die ich mit einem Qualitätsvergleich zwischen den banalen Spielelementen aus *World of Warcraft* in Bezug zu den elitären Bestandteilen eines *Half Life 2* Leid angetan habe) horrende Umsatzdifferenzen aufweisen können, werden diese nur mit der »richtigen« Vertriebsmethodik ausgeführt. Mir als Laie zaubert ein solcher Vergleich sattes Staunen ins Gesicht, doch welch emotionales Bewusstsein lösen solche Zahlen erst bei profitorientierten Geschäftsleuten aus und vor allem, zu welchen Folgerungen führen diese?

Hält die Tendenz zu dieser neuartigen, besseren und ertragsstärkeren Vertriebsmethodik an, sehen wir bald einem neuen Standard entgegen.

Zukunftsprognostizierend frage ich mich also, ob man ohnehin nur mehr Spiele kaufen kann, die mit monatlichen Kosten verbunden sind? Und während der Kunde nicht rafft, dass seine Computerspiele zu einem immer teureren und niveauloseren Hobby heranwachsen, gieren die Unternehmer zur immer ertragsstärkeren und kosteneffizienteren Unterhaltungsbranche. Die Grenze des »Ausquetschens« verläuft stetig. Doch wo sie endgültig hinführt, bleibt heute noch abzuwarten.

Wie viel ist der Kunde X in Y Jahren bereit für eine Stunde Spielspaß zu berappen, und welche Spielinhalte erhält er dafür?

Schlusswort

Krieg fordert Opfer. Menschen fallen, um des Sieges willen. Drübergetrampelt und im Kriegsnebel auf kaltem nassen Boden liegengelassen. Später nur noch Namen auf bemoosten Natursteinplatten, die aus mürrisch anmutenden Pflastersteinen einst erbauter Denkmäler ragen. Umringt von stillem Geäst, wird den in Stein Gemeißelten die letzte Ehre erwiesen. Quasi als Gegenleistung für deren Leben.

Wie der Krieg Opfer fordert, fordert das Entwicklungswachstum gleicherlei – so eine Theorie. Um des Fortschritt willens, verabreicht man Tieren neuartige Medikamente, um unsere Gattung gesund zu halten, die sich analog dazu mit aller Gewalt selbst zu vernichten scheint. Während wir die Lungen-, Leber- und Nierenschäden der Exzessivraucher- und Trinker in Spitälern wieder gerade biegen, lassen unschuldige Tiere qualvoll ihr Leben. Eben um des Fortschritt willens.

Einige Level der Grausamkeit darunter, finden wir uns in der Unterhaltungsindustrie wieder, genauer der TV-Branche. Nach gleichem Prinzip wird rücksichtslos auf Erfolg gegiert. Der Zuschauer an der Fernbedienung entscheidet nur noch über die Intensität der Verblödung. In Gerichtsshows stillt die Gesellschaft ihre Gier auf die Probleme anderer, geilt sich am Livemitschnitt zweier angetrunkener Jugendlicher beim Geschlechtsverkehr auf und versucht mit »Deutschland sucht den Superdepp« die in ihr regierende Dummheit durch noch mehr Dummheit zu kaschieren. Die Meisterschmiede schmieden am perfekten Verdummungskonzept, während Galileo Galilei mit tränenden Augen auf das gleichnamige Wissensmagazin blickt, welches gerade »erforscht«, wie viele Würstchen in einen übergewichtigen Protagonisten passen und zum wiederholten Male feststellen, dass Schokoosterhasen in der gleichen Fabrik wie Schokoweihnachtsmänner hergestellt werden.

Und wie im Kriegsgetümmel menschliche Opfer auf der Strecke bleiben, sind es die geistigen Opfer, die die Unterhaltungsindustrie fordert. Doch des einen Leid, ist eben des anderen Freud!

Ich habe Bange um die Spieleindustrie! Ja, wirklich! Angst, in naher Zukunft mehr dieser abschreckenden Titelzeilen zu lesen, die schon heute eine Computerbranche, regiert von Habgier und Völlerei, prognostizieren. Furcht, vor einer alles in sich verschlingenden Diktatur sinnfreier Spielgeplänkel, abseits jeglicher anspruchsvoller freier Entwicklerkunst. Panik, mich nur noch in virtuelle Welten begeben zu können in denen einzig allein finanzielle Mittel und zeitliche Gegebenheiten über Sieg oder Niederlage, oder besser dem damit eng verbundenem Unterhaltungsfaktor, entscheiden. Ja, Angst vor alledem!

Heute ist ein besonderer Tag! Es ist ein Tag Ihres Lebens. Morgen, so Gott es will, ist wieder ein solch besonderer Tag. Und Übermorgen und Überübermorgen. Und dann, irgendwann, kommt der letzte besondere Tag. Ihr letzter besonderer Tag! Plötzlich wandeln sich die von unsäglicher Belanglosigkeit vollgestopften besonderen Tage doch noch in das kostbarste Gut, das man je besitzen durfte. Wie feiner Sand entgleiten uns die letzten Körner ins dunkle feuchte Grab. Hören Sie den Sand rieseln? Konzentrieren Sie sich! Jetzt? Dann verdammt nochmal, fangen Sie an in den Sand zu schreiben! Erschaffen Sie im Haufen Ihrer abgelaufenen Tage das prächtigste Monument und erzählen Sie damit Ihre Geschichte! Lassen Sie sich Ihre wertvollen besonderen Tage nicht vermiesen! Tun Sie alles dagegen!